U0726436

公路工程与施工测量研究

李建林　秦孟君　殷海军　主编

哈尔滨出版社
H.P.H
HARBIN PUBLISHING HOUSE

图书在版编目（CIP）数据

公路工程与施工测量研究 / 李建林，秦孟君，殷海
军主编 . — 哈尔滨：哈尔滨出版社，2023.1
ISBN 978-7-5484-6667-3

Ⅰ．①公… Ⅱ．①李… ②秦… ③殷… Ⅲ．①道路工
程—施工测量—研究 Ⅳ．① U415.1

中国版本图书馆 CIP 数据核字（2022）第 152132 号

书　　名：**公路工程与施工测量研究**
GONGLU GONGCHENG YU SHIGONG CELIANG YANJIU

作　　者：李建林　秦孟君　殷海军　主编
责任编辑：张艳鑫
封面设计：张　华
出版发行：哈尔滨出版社（Harbin Publishing House）
社　　址：哈尔滨市香坊区泰山路 82-9 号　邮编：150090
经　　销：全国新华书店
印　　刷：河北创联印刷有限公司
网　　址：www.hrbcbs.com
E - mail：hrbcbs@yeah.net
编辑版权热线：（0451）87900271　87900272
开　　本：787mm×1092mm　1/16　印张：10.25　字数：220 千字
版　　次：2023 年 1 月第 1 版
印　　次：2023 年 1 月第 1 次印刷
书　　号：ISBN 978-7-5484-6667-3
定　　价：68.00 元

凡购本社图书发现印装错误，请与本社印制部联系调换。
服务热线：（0451）87900279

编委会

　　随着社会的进步和科学技术的发展，测量工作面临着前所未有的机遇和挑战。一方面是新、奇、特工程越来越多，工程建设的规模越来越大，难度增大，另一方面则是新技术和新方法的不断涌现，使工程测量的内涵、手段发生了深刻的变化，同时进一步扩展了工程测量的服务领域。工程测量学是测绘学的重要分支，也是一门技术性、应用性很强的学科。它涵盖工业与民用建筑、铁路、公路、轨道交通、水利、隧道等建设领域，贯穿于工程建设的始终，直接为工程建设服务。在传统的工程测量技术中，它的服务领域主要包括了建筑、水利、交通以及矿山等部门，它基本的服务内容有放样和测图两个部分。随着科学技术的不断进步和发展，现代的工程测量已经突破了传统的服务理念，它不仅包含了静态的工程，同时也包含了对动态工程的物理测定以及结果的分析，甚至对物体发展的变化趋势也做出了详细的预报。公路工程项目管理是施工企业管理制度的重要组成部分，更是公路施工企业生产和管理基础，以及其经济效益的源泉。施工进度的快慢、施工质量水平和施工成本的高低、项目质量的优劣，以及效益的高低，这一切管理的内容，无不与公路施工企业的项目管理息息相关。为了能够优质、安全、按期完成施工项目，实现工程施工目标，施工企业需要从公路工程入手，将项目管理中的每个环节进行严格的把控和管理，从而保证工程施工的进度和质量。

C目录 ontents

第一章 绪 论

第一节 公路建设的内容和特点

公路建设是指公路网规划,公路勘察设计,公路施工、养护、管理等工作的总称。一个国家的公路建设规模要根据公路运输在综合运输体系中的作用,按其政治、经济、文化、旅游等方面的重要性,再结合地理环境条件来确定。我国的公路建设由国家计委、国家经委和交通运输部划定国家干线公路网,各省、市、自治区根据国家总体规划布局,结合本地区经济发展制定本地区公路网规划(省道、县道、乡道),采取多渠道资金来源设计和修建,由交通运输部和下属各省、市、自治区公路部门负责养护、管理。

一、公路建设的内容

(一)公路工程的小修、保养

公路工程在使用中,受到行车和自然因素的作用而不断损坏,如局部坑槽、裂缝等,只有进行定期和不定期的维修和保养,才能保证公路的正常使用。小修和保养是公路建设的重要内容之一。

(二)公路工程大中修与技术改造

由于受材料、结构、设备等功能方面的制约,公路各组成部分具有不同的寿命。尽管经常维修,也不能无限期地使用下去,到一定年限,某些组成部分就会丧失功能,需要更新改造。另外对随坡就弯而产生的不良线形改造、加宽路基、提高路面等级等都属于技术改造。

为了适应生产和流通发展的需要,必须通过新建、扩建、改建和重建公路四种基本建设形式来实现固定资产扩大再生产,以达到不断扩大公路运输能力的目的。

二、公路建设内容的关系

相同点：①都是固定资产再生产不可缺少的组成部分。②都需要消耗一定的人力、物力和财力。

不同点：①资金来源不同。维修、更新和技改的资金由养路费支付。新建项目由基本建设投资。②管理方式不同。小修保养由养护部门自行安排和管理；大中与技改养护部门提出计划，报上级批准，然后自行安排；新建、扩建、改建和重建由省主管下达任务，列入基建计划的依国家规定执行。

三、公路建设的特点

（一）公路建筑产品的特点

1.产品的固定性。2.产品的多样性：材料、结构、等级、标准等。3.产品形体庞大性。4.产品部分结构易损性。

（二）公路施工的技术经济特点

1.施工流动性大。2.施工协作性高：材料、机械供应、各施工环节。3.施工周期长。4.受外界干扰及自然因素影响大。

第二节　公路工程基本建设概述

一、公路工程基本建设程序

按照当前法律、法规和规章规定，一个公路工程建设项目一般需要工程可行性研究报告、城镇发展规划审查、水土保持方案论证、环境影响评价、用地预审、压覆重要矿产资源评估、地质灾害危险性评估、文物调查、防洪影响评价、地震安全性评价；通航安全影响论证；通航标准和技术要求审查；跨河方案审查、跨越铁路方案审查；勘察设计招标，初步设计审查，征用林地报批、征用草原报批、征用土地报批，施工图设计审查，施工和监理招标，办理质量监督手续，施工许可，重大和较大变更审批，交工验收，环保、水保、档案等专项验收（收费站、服务区等房建工程还要进行消防验收），决算审计，竣工验收，项目后评价等环节。个别环节在改建的小型公路工程中不涉及。

（一）工程可行性研究报告

工程可行性研究报告一般由交通运输主管部门根据公路发展规划和近期建设计划，委托具有工程咨询资质的单位编制。工程可行性研究报告主要论证项目建设的必要性，工程方案可行性、经济评价，通过论证后，确定工程建设标准、规模和投资估算。工程可行性研报告中的路线方案初步确定后，工程咨询单位要提供路线具体走向和方案，由建设单位委托有资质的单位编制水土保持方案、环境影响评价报告、用地预审报告、压覆重要矿产资源评估报告、地质灾害危险性评估报告、防洪影响评价报告、地震安全性评价报告，跨河方案、涉航方案和跨越铁路方案，开展文物调查。这些专项研究工作一般要同步开展，相互交叉，互为印证。当其中某一专项研究报告论证后需要调整工程方案时，必须及时告知其他专项研究报告的编制单位。为保证各专项研究报告与工程可行性研究报告方案一致，且衔接紧密，建议在委托工程咨询单位编制工程可行性研究报告时，可明确由报告编制单位负责牵头委托完成各专项研究报告的编制和论证，相关费用也一并商定。这里要强调的是：各专项研究报告的论证结论是报批工程可行性研究报告的前置条件，必须引起高度重视，提前委托开展相关工作。

目前，国、省道中的新建、改建、扩建工程，工程可行性研究报告一般报省交通运输厅，审查后，出具意见报省发改委审批。国家高速公路网中的项目，省发改委和交通运输部出具审查意见后，由国家发改委审批。必须提交的批复文件有环评批复、用地预审批复、银行贷款承诺、行业审查意见、咨询机构评审意见等。

（二）城镇发展规划审查

公路路线经过城镇时，工程可行性研究报告编制单位要书面征求城镇规划部门的意见，结合城镇发展规划确定路线合理走向。

（三）环境影响评价

《环境保护法》第十三条规定：建设项目的环境影响报告书，必须对建设项目产生的污染和对环境的影响做出评价，规定防治措施，经项目主管部门预审并依照规定的程序报环境保护行政主管部门批准。环境影响报告书经批准后，计划部门方可批准建设项目设计书。

第十六条规定：国家根据建设项目对环境的影响程度，对建设项目的环境影响评价实行分类管理。建设单位应当按照下列规定组织编制环境影响报告书、环境影响报告表或者填报环境影响登记表（以下统称环境影响评价文件）：①可能造成重大环境影响的，应当编制环境影响报告书，对产生的环境影响进行全面评价；②可能造成轻度环境影响的，应当编制环境影响报告表，对产生的环境影响进行分析或者专项评价；③对环境影响很小、不需要进行环境影响评价的，应当填报环境影响登记表。

第二十条规定：环境影响评价文件中的环境影响报告书或者环境影响报告表，应当由具有相应环境影响评价资质的机构编制。

第二十二条规定：建设项目的环境影响评价文件，由建设单位按照国务院的规定报有审批权的环境保护行政主管部门审批；建设项目有行业主管部门的，其环境影响报告书或者环境影响报告表应当经行业主管部门预审后，报有审批权的环境保护行政主管部门审批。目前一般按项目立项的权限划分环境影响评价文件的审批权限，即国家立项的建设项目，由环保部审批，省发改委和省直部门批准的项目由省环保厅审批，其他项目由市、县环保局审批。同时，《水污染防治法》《大气污染防治法》《固体废物污染环境防治法》《环境噪声污染防治法》《海洋环境保护法》等都对环境影响评价做出了相应规定。

（四）防洪影响评价

《防洪法》第二十七条规定：建设跨河、穿河、穿堤、临河的桥梁、码头道路、渡口、管道、缆线、取水、排水等工程设施，应当符合防洪标准、岸线规划、航运要求和其他技术要求，不得危害堤防安全、影响河势稳定、妨碍行洪畅通；其可行性研究报告按照国家规定的基本建设程序报请批准前，其中的工程建设方案应当经有关水行政主管部门根据前述防洪要求审查同意。

上述工程设施需要占用河道、湖泊管理范围内土地，跨越河道、湖泊空间或者穿越河床的，建设单位应当经有关水行政主管部门对该工程设施建设的位置和界限审查批准后，方可依法办理开工手续；安排施工时，应当按照水行政主管部门审查批准的位置和界限进行。

第三十三条规定：在洪泛区、蓄滞洪区内建设非防洪建设项目，应当就洪水对建设项目可能产生的影响和建设项目对防洪可能产生的影响做出评价，编制洪水影响评价报告，提出防御措施。建设项目可行性研究报告按照国家规定的基本建设程序报请批准时，应当附具有关水行政主管部门审查批准的洪水影响评价报告。在蓄滞洪区内建设的油田、铁路、公路、矿山、电厂、电信设施和管道，其洪水影响评价报告应当包括建设单位自行安排的防洪避洪方案。建设项目投入生产或者使用时，其防洪工程设施应当经水行政主管部门验收。

（五）地震安全性评价

《防震减灾法》第十七条规定：新建、扩建、改建建设工程，必须达到抗震设防要求。

本条第三款规定以外的建设工程，必须按照国家颁布的地震烈度区划图或者地震动参数区划图规定的抗震设防要求，进行抗震设防。

重大建设工程和可能发生严重次生灾害的建设工程，必须进行地震安全性评价；并根据地震安全性评价的结果，确定抗震设防要求，进行抗震设防。

本法所称重大建设工程，是指对社会有重大价值或者有重大影响的工程。

本法所称可能发生严重次生灾害的建设工程，是指受地震破坏后可能引发水灾、火灾、爆炸、剧毒或者强腐蚀性物质大量泄漏和其他严重次生灾害的建设工程，包括水库大坝，堤防，贮油、贮气、贮存易燃易爆或剧毒或强腐蚀性物质的设施，以及其他可能发生严重次生灾害的建设工程。

（六）通航安全影响论证

依据《中华人民共和国海事局水上水下活动通航安全影响论证与评估管理办法》相关规定执行。

（七）通航标准和技术要求审查

依据国务院《航道管理条例》相关规定执行。

（八）跨越铁路方案审查

依据《铁路法》相关规定执行。

（九）勘察设计招标

一是勘察设计招标应注意以下三个方面：时间安排问题。原则上应在工程可行性研究报告批复后开展勘察设计招标工作，但目前因前期周期较短，交通运输部文件规定在工程可行性研究报告上报审批部门后即可开展。

二是高度重视招标文件的内容审定。要注意双方责任和义务的划分，特别约定完成时限、质量要求和违约责任（即合同条款）。各项目可考虑委托勘察设计单位完成各阶段的验收和报批（包括评审时相关费用）。

三是一定要依法进行。做好时间安排、评标专家抽取、评标监督、评标地点，择优选择。勘察设计是源头，好队伍是提高项目服务水平、降低投资的关键。

（十）初步设计审查

初步设计主要是研究论证工程技术方案。原则上省发改委立项的项目，由省交通运输厅审批初步设计。对技术复杂项目，实行"双院制"审查，其他项目实行专家评审制。

（十一）征用林地报批

注意三个方面：一是在调查前，要注意分清森工林地和地方林地，森工林地由省森工总局森林资源局组织审查并报国家林业和草原局审核同意，地方林地按征地数量分别由国家林业和草原局、省林业厅和市县林业局审核同意。

二是部分林地的属性与国土部门认定结果有偏差，由于征地中的林地数量必须小于或等于林业部门核准的征用林地数量，为保证土地顺利组卷报批，在林地调查报告结束未正式上报前，一定要请土地勘测调查单位予以审核，使两者尽量一致。

三是公路及两侧的行道树占地一般都已纳入建设用地，在报批用地时不要再重复勘测报批。特别是行道树，只需按路树更新履行林木砍伐审批程序即可。

（十二）征用草原报批

《草原法》规定，征用草原在地方草原行政管理部门审批，也就是在省畜牧兽医局或市、县相应机构审批。

（十三）征用土地报批

一是建设项目原则上应纳入土地利用总体规划，否则国土资源部门不予受理用地申请。

二是尽量采用施工图设计征用土地，避免出现二次征地。

（十四）施工图设计审查

施工图设计主要是解决施工工艺和施工组织设计相关问题。

（十五）施工和监理招标

第二个专题要进行详细讲解，这里就不多说了。

（十六）办理质量监督手续

按交通运输部相关规定，国、省道建设项目要到省公路工程质量监督站或其委托的市级公路工程质量监督站办理。

（十七）施工许可

《公路建设市场管理办法》中规定了施工许可的办理程序和条件要求。原则上部批初步设计的项目，施工许可由其审批，省厅批初步设计的项目，由省厅审批施工许可。主要条件是建设资金已落实，征地拆迁已基本完成，施工图设计已批复，施工、监理招标已结束，质量监督手续已办理等。

（十八）交工验收

交工验收由建设单位组织，设计、施工、监理和接养单位参加。注意：交工验收应依据施工图设计、招标文件、投标文件逐标段进行，特别是路基、路面分开招标的项目，路基完工后，路面施工单位也应参加对应标段路基的交工验收。

交工验收的前提条件是施工单位已完成全部合同约定内容，工程质量自检合格，临时用地已恢复并经当地国土资源部门验收合格，标段施工总结已完成，内业资料和档案已按规定整理完毕。目前，为减轻施工企业资金压力，交工验收合格后，签发交工验收证书，按合同约定退还该标段履约保函，也可考虑退还 50% 的质量保证金。

各标段均通过交工验收后，建设单位应报请质量监督机构进行工程质量检验，并出具检验意见。同时，针对各标段的交工验收情况，编写项目交工验收报告，连同质量检验意见一并报交通主管部门核备，申请通车试运营。

项目通车试运营前，必须明确接收管养单位，做好项目和固定资产移交，避免公路无人管养。

（十九）环保、水保、档案等专项验收

环保验收依据《建设项目竣工环境保护验收管理办法》相关规定进行。

《水土保持法》第二十七条规定：依法应当编制水土保持方案的生产建设项目中的水土保持设施，应当与主体工程同时设计、同时施工、同时投产使用；生产建设项目竣工验收，应当验收水土保持设施；水土保持设施未经验收或者验收不合格的，生产建设项目不得投产使用。

（二十）决算审计

国家和省发改委批准立项的，一般由省审计厅或其委托地方审计部门、审计事务所审计，审计结论需由审计厅认定。

（二十一）竣工验收

缺陷责任期满后，建设单位应申请质量监督部门进行质量鉴定，鉴定合格和优良的工程，可向初步设计审批部门申请竣工验收。竣工验收是大多数建设项目最后的一道程序。通过竣工验收的项目可以正式交付使用。

（二十二）项目后评价

项目建成投产多年以后，由交通运输主管部门，委托咨询单位针对工程可行性研究报告的结论，开展项目后评价工作。

二、公路设计

（一）路线设计

1. 平曲线半径的取用。平曲线半径的取用，最重要的是考虑曲线附近的运行速度及其前后衔接的线性指标的均衡性及连续性，并非越大越好。

2. 同向圆曲线间直线段长度的问题。在老路改造工程中，过分强调 6V 的最小直线长度将浪费大段老路，造成新的拆迁量，使工程量和工程造价大幅提高。

3. 市政道路的纵断面设计不能仅考虑造价。暴雨考验着城市的排水系统，若出现强降雨可能使道路积水严重，一旦有些城市的排水系统不能起到应有的作用，将导致这些城市的道路在水位较高的季节出现雨水倒灌现象，其中主要原因之一是道路纵断

面设计偏低。

4.老路改造中的平纵组合。条件受限时，尤其是在老路改造中对工程造价影响很大时，不应片面强调"平包纵"。道路平面线性应与地形、地质、水文等条件结合，并符合各级道路的技术标准。应处理好直线与平曲线的衔接，尽量采用大的曲线半径，用圆曲线代替缓和曲线的设置，尽量不设置超高、加宽。道路纵断面设计标高主要根据现有道路标高、两侧建成区地坪标高、现状自然地面及地下水位标高、城市防洪标高、桥梁控制标高、相交道路及铁路标高、立交等控制性标高来确定。横断面设计以规划为依据，经过该市规划建设局主要职能科室的论证，并结合道路实际确定了横断面设计方案。道路规划红线宽 40m，横断面机动车道横坡为 2.0%，非机动车道、人行道横坡为 1.5%。

5.路线设计改进建议。平曲线半径超过 8km，则与长直线类似，容易使驾驶员产生单调感和疲劳感，一般平曲线长度宜控制在 1~3km。同向圆曲线间直线段长度取值建议为：①可以将大于不设超高的缓和曲线长度归入直线段考虑。②降低 6V 要求，最小可至 3V（实践检验可取）。市政道路由于其特殊性应更多地考虑当地的实际情况，特别是防洪、排水问题，不应因过于考虑减少造价而降低纵断面设计的标准。车辆在城市中行驶时，往往达不到道路的设计速度。因此，当道路条件受到限制必须设置超高时，横向力系数 μ 的取值不超过 0.15 即可。老路改造应尽量以拟合老路为原则，条件受限时可以不"平包纵"。

（二）路基路面的设计

1.路基拼接。目前为保证新老路面拼接质量的技术措施主要有挖台阶、提高新填土压实度标准、铺设土工格栅等。但是在河塘路段，特别是在软土地基路段不均匀、沉降设计处理不到位的地方，经常出现纵向裂缝。

2.水泥稳定碎石层设计。水泥稳定碎石作为路面基层，较容易出现的问题就是水泥稳定碎石基层的开裂。水泥稳定碎石基层的开裂经常会反射到沥青路面面层，若这些裂缝不能及时处理就很容易导致路面损坏。

3.桥头跳车。桥头跳车是普遍存在的问题，其形成原因很复杂，影响因素也很多，但桥头跳车的直接原因是桥台与路堤的沉降差异。处理桥头跳车常用的方法有：加强地基（软基）处理、提高压实度、设置大尺寸搭板、设置过渡路面结构等，这里同时建议在设计时可以加强搭板处路面结构和路基顶层的处理。

4.路基路面设计。当存在路基拼宽情况时，建议从以下方面考虑：①根据理论计算和近几年道路实际使用情况分析，要控制道路拼接问题的出现就需要控制新老路两侧的差异沉降，建议原有路基与拓宽路基的路拱横坡度的工后沉降增加值不应该大于0.5%。②采用间接拼接方式，新老路基平面不分离，纵断面分离的路基拓宽设计，将拼宽路基沉降标准放宽，按照新建路基处理。既降低了填土高度，减少新征用地，又降低了软土地基处理费用。③土工格栅在路基拼接中应用时，为了保护铺设在路基顶面以下20cm处铺设的格栅，设计时应该提出合理的施工注意事项，在压实路基时不能使用路拌机进行现场拌和，只能另找场地拌和后再运来摊铺压实。

（三）基于视力障碍人群的道路设计

1.盲道存在的问题。在实际中，由于盲道设计不规范、管理不到位等原因导致盲道不能达到预期的效果，主要存在以下问题。

（1）行进盲道与圆点提示盲道均不能明确地提示方向，导致盲人因不能辨别方向而出现走错路的现象。

（2）圆点提示盲道虽然表明此处道路发生变化，但不能提示盲道环境所发生的变化，而且不能辨明医院、银行、购物点等与生活密切相关的场所方位。

（3）提示盲道缺乏针对性。提示盲道缺乏对盲道的起点、终点和转变处，以及地铁入口、人行横道入口和汽车站等提示作用的设计内容。

（4）市政道路两端、大型建筑物、居民点等出入口，或市政道路平面交叉处，由于开口的宽度很大，且盲道中断，使盲人无法判别和进入下一段盲道。

（5）盲人无法清晰判断与行进方向垂直的人行横道，从而不能安全地通过交叉口。设计时，应本着实用、安全和人性化的设计原则着重优化盲道系统，使盲道点、线连成一个盲道网络，做到盲道的区域内贯通和区域外连续。

（6）人行道的无障碍步道体系建设缺乏全局观念，不系统、不健全，盲道上存在电线杆、井盖等障碍物，且存在在建筑物或社区出入口等处突然中断的现象。

（7）很多盲道的人行道未设置缘石坡道或缘石坡道设计不合理，存在过陡过急或提示不清楚现象。

2.盲道设计方案

（1）盲道北向砖。盲道北向砖可以设计在较长的行进盲道中的某一位置，用以指示地理方向。盲道北向砖由设置在外侧的轮廓砖和设置在内侧的圆形砖组成。盲道北向砖与现有盲道路砖应呈现明显的触感特征上的区别。当盲人经过盲道踏上盲道指北砖时，应能明确地通过足感辨明方向，从而避免走错道路。

（2）方位定位砖。在方形路砖面设计上，采用徐高的方式，制出一端低、另一端高的搓板样棱条，用箭头棱条指明方位。方位定位砖采用与行进盲道相垂直的横向棱条，用不同的棱条数目对应不同的商场、公交车站、医院、公共厕所等的方位。盲人可通过踩方位定位砖辨明其指向，轻松到达上述与生活密切相关的场所。

（3）导盲路牌。在盲道两侧、交叉口处等合适的位置，设计分别用汉字和盲文指示的导盲路牌。

（4）导盲路牌的设计高度应以距地面约 1.3m、方便盲人触摸为宜；导盲路牌设计距离应采用与盲道两端相距 0.6~1.0m 的方式，设计时注意盲文信息清晰、简洁并具备较强的凹凸感。

（5）盲道砖的组合。将盲道北向砖、方位定位砖、导盲路牌等进行科学合理和更加人性化的组合，用以告知盲人全部的环境信息，是市政道路无障碍设计追求的方向。

（四）基于肢体障碍人群的道路设计

1. 坡道存在的问题

（1）过街天桥、地下通道未设置坡道或坡道的坡度过大。

（2）未考虑残疾人过街的特殊要求，交通信号设置混乱。

2. 坡道的优化。过街天桥和地下通道应采用平缓坡道和梯道相结合的设计形式，既可使乘坐轮椅的老年人或残疾人等安全方便地通过，又可在另一侧设置快速通行道，方便急于上班、上学、办事的人们快速通过。坡道包括行进坡道和缘石坡道。行进坡道指有一定坡度的人行道，设计时应满足行进坡道宽度与人行道等；宽度、坡度与道路坡度相当，满足乘轮椅者在内的不同的人群的需求；应根据缘石坡道位置、高差变化设计缘石坡道，并尽可能与人行道等宽。

第三节　我国的公路建设与发展

一、我国公路的发展方向

目前，我国公路交通事业仍处在大建设、大发展阶段，公路正处于形成网络的关键时期。国家公路网有48%的路段在建或尚未开工建设；国省干线公路中还有3万多千米的公路为砂石路面；国道中13%的路段仍处于拥挤状态。特别是国家为了应对国际金融危机，出台了一系列政策来拉动内需，确保经济平稳发展，加快公路基础设施建设、完善国家公路网络是其中的重点之一。我国公路发展总体方向是：加快建成国家公路网，提高国、省道干线公路等级，改善农村公路行车条件，逐步形成质量、速度、结构、效益相协调，建、养、管并重的公路交通网络。重点是逐步构建以公路为主体的收费公路网络和以普通公路为主体提供政府普遍服务的非收费公路网络。同时，要加快推进公路联网收费和不停车收费进程，进一步提高收费公路的通行效率和通行能力。

二、我国公路交通科技发展战略

为了建设适应交通现代化要求和符合交通科技自身发展规律的创新体系，形成强大的自主创新能力，我国将公路交通科技发展的战略目标定为：建立布局合理、资源共享、配置优化的交通科研基地和信息共享平台，形成一支高水平的交通科技队伍，突破一批关键技术，达到国际先进水平，全面提升公路交通的科技含量，为实现公路水路交通发展目标提供科技支撑，为交通全面协调可持续发展提供有力保障。

三、公路交通科技发展的战略重点

根据公路交通科技发展的战略目标，按照交通科技的需求和"综合集成，重点突破"的方针，今后交通科技发展具有牵动性、前瞻性、关键性的战略重点主要为以下六个方面：

（一）智能化数字公路交通管理技术

推进公路交通的信息化进程，改善运营管理，优化资源配置，提高公路交通信息化水平，实现智能化的交通运输、数字化的行业管理、人性化的社会服务；最大限度地发挥综合交通的运输服务功能，实现便捷和快速运输。

（二）特殊自然环境下建养技术

掌握特殊自然环境下的建养关键技术，支撑公路交通基础设施建设，改善交通网络的状况与性能，实现加快发展、扩充能力的目标，提高公路交通设施的使用品质并延长使用寿命。

（三）一体化公路运输技术

构筑公路运输网络一体化、运输载体一体化、运输装卸一体化、运输场站一体化和运输辅助设施一体化、管理一体化的新型联合运输系统。通过应用一体化运输技术，改善公路交通服务，提高系统运行效率，实现不同运输方式之间货物的无缝衔接和旅客的零换乘。

（四）交通科学决策支持技术

面向交通改革与发展的重大决策问题，开展交通决策支持技术的研究，实现公路水路交通决策的科学化和民主化。在交通发展战略、政策法规、管理体制、运营组织等领域实现决策的数字化、可视化和协调化，为科学决策和民主决策提供技术支持，提高决策的科学性、质量和效率。

（五）公路交通安全保障技术

研究开发公路交通安全保障技术，提高公路交通的事故预防、应急反应和救助处理能力，降低交通伤亡数量及事故率，建立一个更安全、更可靠的公路交通系统，使公路交通达到社会公认的安全水准。

（六）绿色交通技术

开展以环保和节能为重点的绿色交通技术的研究，缓解环境污染和资源短缺的压力，建立一个与自然和社会环境友善和谐、污染程度少、土地使用合理、能源消耗适度的绿色公路交通体系，促进 21 世纪公路交通可持续发展目标的实现。

第四节　我国的桥梁建设与发展

一、我国桥梁建筑的发展现状

我国的《城市桥梁设计荷载标准》（CJ77—98）将城市桥梁称为："城市内新建改建的永久性桥梁和城市高架道路结构以及承受机动车辆荷载的其他结构物。"改革开放，党的富民政策，改变了人们的认识，"要致富，先修路"已成共识，公路桥梁建设以令世人惊叹的规模和速度迅猛发展，取得了巨大成就，加快交通基础设施建设已变成了人们的自觉行动。如今，在祖国的江、河、湖、海和高速公路上，不同类型、不同跨径的桥梁千姿百态，异彩纷呈，展示着我国交通特别是公路桥梁建设的辉煌。桥梁建设的成就和技术进步，是广大桥梁科技工作者才华、智慧和汗水的结晶，充分体现了我国综合国力的增强和改革开放的成果。

我国城市桥梁建设在 20 世纪得到了历史性的发展，成就可概括为：实现了跨径大超越；桥型结构和技术有创新；深水大跨桥梁建设技术成熟；桥梁美学理念有所增强。同时，还要看到我国城市桥梁建设中的不足：我国城市桥梁技术的总体水平同世界领先水平相比仍存在一定差距，主要表现在理念和设计、材料、工艺技术创新上；桥梁的安全耐久性是桥梁界关注的突出问题，一些桥梁所暴露出的质量缺陷，不同程度地反映出其在设计、施工、材料、养护维修、运营管理等方面存在的缺陷和不足；有的地区或有些高速公路上的桥梁，包括立交桥、天桥，桥型结构呆板、笨拙，与环境、地貌的协调不足，存在拓展空间；建设日新月异，设计、施工、科研单位的实力有所增强，水平普遍有所提高，但地区、单位之间并不平衡。

二、我国桥梁建筑发展所取得的成就

随着祖国各地城市现代化建设进程的加快，新一轮建设高潮必将来临。为此，作者提出如下对策建议，以期促进我国城市桥梁的创新和发展。

（一）应充分重视城市桥梁作为城市生命线工程极其重要的工程结构的特殊作用，切实加强城市桥梁安全度和耐久性的研究，尽快编写相关设计规范和施工技术规程，强化城市桥梁的耐久性设计。采取有效措施，通过综合治理，切实保证城市桥梁的综合品质和质量，以确保城市桥梁的使用寿命。为防止船舶撞击桥梁，应出台与城市桥梁相关的设计规范和安全管理条例。

（二）应树立自主创新和集成创新的观念，努力实现原始创新，不仅仅满足规模大、跨径大建桥的高速度，更应关注在城市桥梁工程建设中的创新技术、工程质量和桥梁美学上的突破，真正实现创造性设计，给人们留下传世的城市桥梁精品。在桥梁的规划和设计阶段，运用高度发展的计算机辅助手段进行有效的、快速的优化和仿真分析，虚拟现实（Virtual Reality）技术的应用使业主可以十分逼真地事先看到桥梁建成后的外形、功能，在模拟地震和台风袭击下的表现，对环境的影响和昼夜的景像等以便于决策；在桥梁美学方面，坚持科学发展观，摒弃"在适用、经济、安全条件下照顾景观"的旧理念，桥梁的美学设计应成为重要的原则，桥梁工程师要不断提高自己的审美情趣和艺术素养，使一座桥梁成为美化环境、给人民带来欢愉的艺术品。

（三）应不断地搜集和了解国外城市大跨径桥梁的发展动态，正视我们的不足，看到我国在桥梁施工手段、检测手段，尤其是大型深海基础的施工技术、施工设备远不及美国、英国和日本等发达国家；要加紧研制大型架桥机械、大吨位张拉设备、大型海底挖掘机械等。尽快缩短与国外发达国家在建桥机具设备上的差距。

（四）应加紧进行我国城市桥梁有关规范的编写、修改和完善工作，特别是弯、坡、斜和异型城市桥梁结构的相关规范，使城市桥梁设计有章可循；并尽快编写出城市大跨径桥梁的设计施工规范、修订钢桥规范等，以满足设计和施工的需要。在桥梁设计创新方面，坚持"设计是工程的灵魂，创新是设计的灵魂"的理念，合理安排设计周期，科学规划设计阶段，既要注意经济指标，又要注重安全和美观，既要创新突破，又要体现中国文化。

（五）加大轻质高性能、耐久材料的研究和推广力度，如水下不离析混凝土以及耐候钢钢板，将玻璃纤维和碳纤维增强材料从最初的加固补强材料向最终代替传统的钢材和混凝土的方向发展，积极推广铝合金钢材料在城市桥梁上的应用，以适应城市大跨径桥梁的建设需要。

（六）大力推进城市桥梁工厂化预制阶段和整体化安装工艺的进程，加强城市桥梁营建管理技术的研究，搞好设计、施工、监理、工程控制和工程经济等方面协调，加强对工程质量的控制，确保城市桥梁的工程质量。在桥梁的建造和架设阶段，人们将运用智能化的制造系统在工厂完成部件的加工，然后用全球定位系统（GPS）和遥感技术，在离工地千里之外的总部管理和控制桥梁的施工；在桥梁建设的工程质量方面，提倡秉承合理设计周期、合理工期和合理造价的科学态度，给施工承包单位提供更新装备、提高技术的发展空间，抵制伪劣材料和欺诈行为，实现严格的监理制度；在桥梁建成交付使用后，将通过自动监控和管理系统，保证桥梁的安全和正常运行，一旦有故障或损伤，健康诊断和专家系统将自动报告损伤部位和养护决策。

（七）加强国内、国际城市桥梁的学术交流，总结正反两方面的经验教训，使我国的桥梁界同行能够以多种形式在一起交流和探讨大家共同关心的问题，以推动我国城市桥梁事业的进一步发展，促进我国桥梁建设的技术进步。我国的城市桥梁建设空前繁荣，展望我国公路建设的前景，桥梁新建、改建、加固的任务依然很重。只要坚持技术创新和可持续发展，总结经验，正视不足，认真解决桥梁建设中所存在的问题，我国的城市桥梁建设技术一定会达到更新、更高的水平。

第二章　公路工程

第一节　公路概述

一、含义

（一）语义

公路是现代术语，是可以行驶汽车的公用之路，汽车、单车、人力车、马匹等众多交通工具及行人都可以走。早期的公路没有限制，大多是简易公路，后来不同公路有不同限制；由于交通日益发达，限制性使用的公路越来越多，特别是一些公路专供汽车使用了（有的城市公路从禁止单车到禁止摩托车），而且发展出公路这种类型，专供汽车全程封闭式使用。

公路，民间也称作马路，如"马路天使"里的用法，不限于马匹专用。

公路作为现代语词有两个基本因素：可以行驶汽车和公用之路。那么，就排除了其他的车道，例如我国古代的车路、丝绸之路，古罗马帝国的车路不是公路。公路大概是区别于铁路的，铁路是专供火车行驶的。公用区别于专用，有一般公路与汽车专用公路之别，后者越来越多，二级公路因此就有两种规格。

（二）历史

有人必有路，走的人多势必成路，这是真理。不过，有的路并非公路。公元前3000年，古埃及人为修建金字塔而建设的路，那是专用之路，但不是公路。

18世纪中期英国发生了工业革命，工业的发展迫切需要改善当时的交通运输状况，特别是陆路交通。为此，苏格兰人约翰·马卡丹发明设计了上面所说的"马路"。由于"马路"的出现使得英国不仅水路畅通，而且陆路也很便利，这样，为迅速发展的英国工业和贸易往来提供了方便条件。人们取这种路的设计者姓氏，称这种路为"马路"，以表纪念。

公路的修建也有个不断提高技术和更新建筑材料过程。最早当然是土路，它易建但是也易坏，雨水多些，车马多此，便凹凸不平甚至毁坏了。欧洲较早出现了碎石路，这比土路前进了一大步。再后出现了砖块路，也比中国早很多。在碎石上铺浇沥青是公路史上一大突破，这是近代的事了。中国自古有驿路，但是真正第一条较先进的公路，是 1906 年铺设的广西龙州至镇南关的公路。

（三）区别各类道路

公路是指连接城市与城市之间、城乡之间、乡村与乡村之间和工矿基地之间按照国家技术标准修建的，由公路主管部门验收认可的道路，包括高速公路、一级公路、二级公路、三级公路、四级公路，但不包括田间或农村自然形成的小道，主要供汽车行驶并具备一定技术标准和设施。

道路是供各种车辆（无轨）和行人通行的工程设施。按其使用特点分为城市道路、公路、厂矿道路、林区道路及乡村道路等。其中城市道路是指城市规划区内的公共道路，一般划设人行道、车行道和交通隔离设施等。包括城市快速路、城市主干道、城市次干道、城市支路、胡同里巷等。

二、等级

（一）五级分类法

一般按照公路所适应的年平均昼夜交通量及其使用任务和性质，将公路分为若干技术等级。中国人民交通出版社于 2004 年出版的《公路工程技术标准》，对公路分为五个技术等级。

它们的时速标准，每一级相差 20km。

1. 高速公路

高速公路，能适应的年平均昼夜汽车交通量在 25000 辆以上。具有特别重要的政治、经济作用，专供汽车分道高速、连续行驶，全部设置立体交叉和控制出入，并以长途运输为主的公路。

时速一般是 120km，可以 100km。

2. 一级公路

一级公路能够适应的年平均昼夜汽车交通量在 5000~25000 辆，连接重要政治、经济中心，通往重要工矿区，可供汽车分道快速行驶，部分控制出入、部分设置立体交叉的公路。

时速 100~80km。

3. 二级公路

二级公路能适应按各种车辆折算成中型载重汽车的年平均昼夜交通量在 2000~5000 辆，连接政治、经济中心或大型工矿区以及运输繁重的城郊公路。

时速 80~60km，大概要双向四车道。

4. 三级公路

三级公路能适应按各种车辆折算成中型载重汽车的年平均昼夜交通量在 2000 辆以下，沟通县与县或县与城市的一般干线公路。

双车道，一般地区路宽 8.5m，丘陵地区路宽 7.5m。

时速 60~40km。

5. 四级公路

四级公路能适应按各种车辆折算成中型载重汽车的年平均昼夜交通量在 200 辆以下，沟通县与乡、镇之间的支线公路。

如滇藏新通道里的旧路丙察察公路路宽 3~4.5m，砂土为基，是简易公路。时速 40~20km，有的更低。

（二）行政等级

国道、省道、县道等。

（三）三个等级分类法

高等级公路：高速公路和一级公路。

中等级：二级公路。

低等级：三级公路和四级公路。

（四）三级时速分类法

我国台湾早有行政法规《高速公路及快速公路管理规则》，分为高速公路、快速公路、普速公路三个等级。

三、分类

（一）按行政等级划分

按行政等级划分为国道、省道、县道、乡道、村道及专用公路六个等级。一般把国道和省道称为干线，县道和乡道称为支线。

1. 国道

指具有全国性政治、经济意义的主要干线公路，包括重要的国际公路，国防公路，连接首都与各省、自治区、直辖市首府的公路，连接各大经济中心、港站枢纽、商品生产基地和战略要地的公路。国道中跨省的公路由交通运输部批准的专门机构负责修建、养护和管理。

2. 省道

指具有全省（自治区、直辖市）政治、经济意义，并由省（自治区、直辖市）公路主管部门负责修建、养护和管理的公路干线。

3. 县道

指具有全县（县级市）政治、经济意义，连接县城和县内主要乡（镇）、主要商品生产和集散地的公路，以及不属于国道、省道的县际公路。县道由县、市公路主管部门负责修建、养护和管理。

4. 乡道

指主要为乡村经济、文化、行政服务的公路，以及不属于县道及以上公路的乡与乡之间及乡与外部联络的公路。乡道由乡（镇）人民政府负责修建、养护和管理。

5. 村道

指直接为农村生产、生活服务，不属于乡道及以上公路的建制村之间和建制村与乡镇联络的公路。乡（镇）人民政府对乡道、村道建设和养护的具体职责，由县级人民政府确定。

乡道和村道规划由县级人民政府交通运输主管部门协助乡（镇）人民政府编制，报县级人民政府批准，并报省人民政府交通运输主管部门、市（州）人民政府或地区行政公署交通运输主管部门备案。乡（镇）人民政府编制村道规划，应当征求沿线农村集体经济组织的意见，必要时还应当举行听证会，听取村民的意见。

6. 专用公路

指专供或主要供厂矿、林区、农场、油田、旅游区、军事要地等与外部联系的公路。

专用公路由专用单位负责修建、养护和管理。也可委托当地公路部门修建、养护和管理。

（二）按使用任务、功能和适应的交通量划分

根据我国的《公路工程技术标准》，公路按使用任务、功能和适应的交通量分为高速公路、一级公路、二级公路、三级公路、四级公路五个等级。

1. 高速公路为专供汽车分向分车道行驶并应全部控制出入的多车道公路，四车道高速公路能适应各种汽车折合成小客车的年平均日交通量在25000~55000辆。

六车道高速公路能适应将各种汽车折合成小客车的年平均日交通量在45000~80000辆。

八车道高速公路能适应将各种汽车折合成小客车的年平均日交通量在60000~100000辆。

2. 一级公路为供汽车分向分车道行驶并可根据需要控制出入的多车道公路

四车道一级公路能适应将各种汽车折合成小客车的年平均日交通量在15000~30000辆。

六车道一级公路能适应将各种汽车折合成小客车的年平均日交通量在25000~55000辆。

3. 二级公路为供汽车行驶的双车道公路

一般能适应每昼夜3000~7500辆中型载重汽车的交通量。

4. 三级公路为主要供汽车行驶的双车道公路

一般能适应每昼夜1000~4000辆中型载重汽车的交通量。

5. 四级公路为主要供汽车行驶的双车道或单车道公路

双车道四级公路能适应的每昼夜中型载重汽车交通量在1500辆以下。

单车道四级公路能适应的每昼夜中型载重汽车交通量在200辆以下。

第二节　公路的结构组成

公路的结构是承受荷载和自然因素影响的结构物，它包括路基、路面、桥涵、隧道、排水系统、防护工程、特殊构造物及交通服务设施等。

一、路基

路基是按照路线位置和一定技术要求修筑的作为路面基础的带状构造物。

1. 路基基本构造参数包括路基填挖高度、路基宽度、路肩宽度、路基边坡等。

2. 路基的作用

路基是路面的基础，是路面的支撑结构物。高于原地面的填方路基称为路堤，低于原地面的挖方路基称为路堑。路面底面以下 80cm 内的路基部分称为路床。

3. 路基的基本要求

（1）路基结构物的整体必须具有足够的稳定性。

（2）路基必须具有足够的强度、刚度和水温稳定性。

水温稳定性是指强度和刚度在自然因素的影响下的变化幅度。

4. 路基形式

（1）填方路基

1）填土路基。填方路基宜选用级配较好的粗粒土作为填料。用不同填料填筑路基时，应分层填筑，每一水平层均应采用同类填料。

2）填石路基。填石路基是指用不易风化的开山石料填筑的路堤。

3）砌石路基。砌石路基是指用不易风化的开山石料外砌、内填而成的路堤。砌石路基应每隔 15~20m 设伸缩缝一道。当基础地质条件变化时，应分段砌筑，并设沉降缝。

4）护肩路基。坚硬岩石地段陡山坡上的半填半挖路基，当填方不大但边坡伸出较远不易修筑时，可修筑护肩。护肩高度一般不超过 2m。

5）护脚路基。当山坡上的填方路基有沿斜坡下滑的倾向或为加固收回填方坡脚时，可采用护脚路基，其高度不宜超过 5m。

（2）挖方路基。主要为土质挖方路基和石质挖方路基。

（3）半填半挖路基。在地面自然横坡度陡于 1：5 的斜坡上修筑路堤时，路堤基底应挖台阶，台阶宽度不得小于 1m，高速公路、一级公路台阶宽度一般为 2m。

二、路面

（一）路面结构组成

一般由面层、基层、垫层组成。

1.面层是直接承受行车荷载作用、大气降水和温度变化影响的路面结构层次。面层应具有足够的结构强度、良好的温度稳定性，耐磨、抗滑、平整和不透水。沥青路面面层可由一层或数层组成，表面层应根据使用要求设置抗滑耐磨、密实稳定的沥青层；中间层、下面层应根据公路等级、沥青层厚度、气候条件等选择适当的沥青结构层。

2.基层设置在面层之下，并与面层一起将车轮荷载的反复作用传递到底基层、垫层、土基等起主要承重作用的层次。基层材料必须具有足够的强度、水稳性、扩散荷载的性能。在沥青路面基层下铺筑的次要承重层称为底基层。基层、底基层视公路等级或交通量的需要可设置一层或两层。当基层、底基层较厚需分两层施工时，可分别称为上基层、下基层，或上底基层、下底基层。

3.垫层。路基土质较差、水温状况不好时，宜在基层（或底基层）之下设置垫层，起排水、隔水、防冻、防污或扩散荷载应力等作用。面层、基层和垫层是路面结构的基本层次。为了保证车轮荷载的向下扩散和传递，较下一层应比其上一层的每边宽出0.25m。

（二）坡度与路面排水

路拱指路面的横向断面具有一定坡度的拱起形状，其作用是排水。路拱的基本形式有抛物线、屋顶线、折线或直线。为便于机械施工，一般采用直线形。高速公路、一级公路的路面排水，一般由路肩排水与中央分隔带排水组成；二级及二级以下公路的路面排水，一般由路拱坡度、路肩横坡和边沟排水组成。

（三）路面的等级与分类

1.路面等级，按面层材料的组成、结构强度、路面所能承担的交通任务和使用的品质划分为高级路面、次高级路面、中级路面和低级路面等四个等级。

2.路面类型

（1）路面基层的类型。按照现行规范，基层（包括底基层）可分为无机结合料稳定类和粒料类。无机结合料稳定类有：水泥稳定土、石灰稳定土、石灰工业废渣稳定土及综合稳定土；粒料类分级配型和嵌锁型，前者有级配碎石（砾石），后者有填隙碎石等。

1）水泥稳定土基层。在粉碎的或原来扩散的土中，掺入足量的水泥和水，经拌和得到的混合料，在压实、养生后，当其抗压强度符合规定要求时，称为水泥稳定土。其可适用于各种交通类别的基层和底基层，但水泥土不应用作高级沥青路面的基层，只能用作底基层。在高速公路和一级公路的水泥混凝土面板下，水泥土也不应用作基层。

2）石灰稳定土基层。在粉碎或原来松散的土中掺入足量的石灰和水，经拌和、压实及养生得到混合料，当其抗压强度符合规定要求时，称为石灰稳定土。适用于各级公路路面的底基层，可用作二级和二级以下的公路的基层，但不应用作高级路面的基层。

3）石灰工业废渣稳定土基层。一定数量的石灰和粉煤灰或石灰和煤渣与其他集料相配合，加入适量的水，经拌和、压实及养生后得到的混合料，当其抗压强度符合规定的要求时，称为石灰工业废渣稳定土，简称石灰工业废渣。适用于各级公路的基层与底基层，但其中的二灰土不应用作高级沥青路面及高速公路和一级公路上水泥混凝土路面的基层。

4）级配碎（砾）石基层。由各种大小不同粒径碎（砾）石组成的混合料，当其颗粒组成符合技术规范的密实级配的要求时，称其为级配碎（砾）石。级配碎石可用于各级公路的基层和底基层，也可用作较薄沥青面层与半刚性基层之间的中间层。级配砾石可用于二级及以下公路的基层及各级公路的底基层。

5）填隙碎石基层。用单一尺寸的粗碎石做主骨料，形成嵌锁作用，用石屑填满碎石间的空隙，增加密实度和稳定性，这种结构称为填隙碎石。可用于各级公路的底基层和二级以下公路的基层。

（2）路面面层类型。根据路面的力学特性，分为沥青、水泥混凝土和其他路面。

1）沥青路面。是指在柔性、半刚性基层上，铺筑一定厚度的沥青混合料面层的路面。沥青面层分为沥青混合料、乳化沥青碎石、沥青贯入式、沥青表面处治。

沥青混合料可分为沥青混凝土混合料和沥青碎石混合料。

热拌热铺沥青混合料路面是指沥青与矿料在热态下拌和、热态下铺筑施工成型的沥青路面。热拌热铺沥青混合料适用于各种等级公路的沥青面层。

　　高速公路、一级公路沥青面层均应采用沥青混凝土混合料铺筑，沥青碎石混合料仅适用于过渡层及整平层。其他等级公路的沥青面层的上面层，宜采用沥青混凝土混合料铺筑。

　　当沥青碎石混合料采用乳化沥青做结合料时，即为乳化沥青碎石混合料。适用于三级及三级以下公路的沥青面层、二级公路的罩面层施工以及各级公路沥青路面的联结层或整平层。乳化沥青碎石混合料路面的沥青面层宜采用双层式。

　　沥青贯入式路面是在初步压实的碎石（或轧制砾石）上，分层浇洒沥青、撒布嵌缝料，经压实而成的路面结构，厚度通常为4~8cm；沥青贯入式路面适用于二级及二级以下公路，也可作为沥青混凝土路面的联结层。

　　沥青表面处治是用沥青和集料按层铺法或拌和方法裹覆矿料，铺筑成厚度一般不大于3cm的一种薄层路面面层。适用于三级及三级以下公路、城市道路支路、县镇道路、各级公路施工便道以及在旧沥青面层上加铺罩面层或磨耗层。

　　2）水泥混凝土路面。以水泥混凝土面板和基（垫）层组成的路面，亦称刚性路面。

　　3）其他类型路面。主要是指在柔性基层上用有一定塑性的细粒土稳定各种集料的中低级路面。

　　路面还可以按其面层材料分类，如水泥混凝土路面、黑色路面（指沥青与粒料构成的各种路面）、砂石路面、稳定土与工业废渣路面以及新材料路面。这种分类用于路面施工和养护工作以及定额管理等方面。

三、道路主要公用设施

（一）停车场

　　宜设在其主要服务对象的同侧。停车场的出入口，有条件时应分开设置，单向出入，出入口宽度通常不得小于7.0m。尽可能避免出场车辆左转弯。

　　为了保证车辆不发生自重分力引起滑溜，停放场的最大纵坡与通道平行方向为1%，通道垂直方向为3%。出入通道的最大纵坡为7%，一般以≤2%为宜。停放场及通道的最小纵坡以满足雨雪水及时排除及施工可能高程误差水平为原则，一般取0.4%~0.5%。

（二）公共交通站点

城市公共交通站点分为终点站、枢纽站和中间停靠站。

（三）道路照明

1. 照明标准。通常用水平照度和不均匀度来表示。

2. 道路照明灯具。

（四）人行天桥和人行地道

修建人行立交桥是人车分离、保护过街行人和保证车流畅通的最安全措施。在下列情况下，可考虑修建人行地道：①重要建筑物及风景区附近，修人行天桥会破坏风景或城市美观；②横跨的行人特别多的站前道路等；③修建人行地道比修人行天桥在工程费用和施工方法上有利；④有障碍物影响，修建人行天桥需显著提高桥下净空时。总之，要充分考虑设置地点的交通、道路状况及费用等。

（五）道路交通管理设施

道路交通管理设施通常包括交通标志、标线和交通信号灯等，广义概念还包括护栏、统一交通规则的其他显示设施。

1. 交通标志。分为主标志和辅助标志两大类。主标志按其功能可分为警告、禁令、批示及指路标志等四种。辅助标志系附设在主标志下面，对主标志起补充说明的标志，它不得单独使用。

2. 交通标线。主要是路面标线，还有少数立面标记。

3. 交通信号灯。

（六）道路绿化

分为公路绿化和城市道路绿化。按其目的、内容和任务不同，又分为营造行道树、营造防护林带、营造绿化防护工程、营造风景林。

第三章　公路工程施工建设

第一节　公路施工准备

一、施工现场准备

施工单位接到中标通知后，与业主签订合同的同时，开始施工现场准备工作，施工现场准备主要应做好以下几项工作。

（一）复查和了解现场

复查和了解现场的地形、地质、文化、气象、水源、电源、料源或料场、交通运输、通信联络以及城镇建设规划、农田水利设施、环境保护等有关情况。对于扩（改）建工程，应将拟保留的原有通信、供电、供水、供暖、供油、排水沟管等地下设施复查清楚，在施工中要采取保护措施，防止损坏。

（二）确定工地范围

施工单位应根据施工图纸和施工临时需要确定工地范围，及在此范围内有多少土地，哪些是永久占地，哪些是临时占地，并与地方有关人员到现场一一核实（是荒地或是良田、果园等）、绘出地界、设立标志。

（三）清除现场障碍

施工现场范围内的障碍如建筑物、坟墓、暗穴、水井、各种管线、道路、灌溉渠道、民房等必须拆除或改建，以利于施工的全面展开。

有关手续占地、移民和障碍物的拆迁等都必须事先与有关部门协商，办妥一切手续后方可进行。

（四）做好现场规划

施工单位按照施工总平面图搭设工棚、仓库、加工厂和预制厂；安装供水管线、架设供电和通信线路；设置料场、车场、搅拌站；修筑临时道路和临时排水设施等。在有洪水威胁的地区，防洪设施应在汛期前完成。

（五）道路安全畅通

道路施工需要许多大型的车辆机械和设备，原有道路及桥涵能否承受此种重载，需要进行调查、验算，不合要求的应做加宽或加固处理，保证道路安全畅通。

二、施工材料准备

（一）劳力

道路施工需要大量劳动力，而且时间相对集中，因此，开工前落实劳力来源，按计划适时组织进（退）场，是顺利开展施工、按期完成任务、避免停工或窝工浪费的重要条件之一。

目前公路工程施工劳力多为民工，组织民工队伍时应做好以下工作：

1. 要注重素质

民工素质直接影响工程质量，民工队伍素质审查要严把"四关"，即政治素质、道德纪律、身体条件和技术水平四个方面。

政治素质：主要看参加施工的动机，要有为社会主义建设做贡献、尽义务的意识，"一切朝钱看"的施工队伍是难以圆满完成任务的。

道德纪律：主要看民工队伍的精神面貌、组织纪律性，要求是一支能吃苦耐劳，有组织、守纪律、有领导的队伍。

身体条件：道路工程施工劳动强度很大，作业时间长，有时要发扬连续作战的精神，没有健康的体格是难以完成任务的，要选身强力壮以中年为主的队伍。

技术水平：应选择参加过公路工程施工的队伍，他们中有相对稳定的作业手、泥瓦工、木工、电工等技术工人，具有一定的独立施工能力。

2. 要注重教育

教育是先导，只有适时耐心的教育，才能使民工队伍的素质不断提高。教育内容要有针对性，包括：改革开放政策与形势教育、法制教育、作风纪律教育、文化技术教育等。特别是在开工前，对进场民工要进行集中教育。要把工程建设的意义、任务情况、质量要求、效益情况告诉大家，使大家心中有数。从而感到工程施工责任重大、任务光荣、效益不错，从而安下心来，积极热情地投入施工。

3. 签订好施工合同

在市场经济条件下，民工参加工程建设，希望获得好的收益是无可非议的。要使民工安心施工，把精力集中到工程质量上来，必须按经济规律办事，改过去的任务分配制为合同制。合同内容应包含人员数量、工程数量、取费标准、质量标准、奖罚标准、施工进度、安全施工等方面。

（二）机具设备

公路工程施工需要大量的机械设备和运输车辆，其中大、中型机械设备和运输车辆更是施工的主力。在以往施工时，常因某一关键机械（或设备、车辆）跟不上而严重影响施工，造成很大浪费。这种现象多为准备工作不充分或计划不落实所致。因此，施工单位根据现有装备的数量、质量情况和周密的计划，分期分批地组织进场。其中需要维修、租赁和购置的，应按计划落实，并要适当留有备份，以保证施工的需要。

（三）材料

公路工程施工需要大量材料，除水泥、木材、钢材、沥青等主要外购材料外，还有砂、石、石灰等大宗的地方材料，材料费占到工程总费用的三分之二左右，直接关系到工程造价。同时，材料的品质、数量，以及能否及时供应也是决定工程质量和工期的重要环节。材料准备工作的要点是：品质合格、数量充足、价格低廉、运输方便、不误使用。在保证材料品质的前提下，本着就地取材的原则，广泛调查料源、价格、运输道路、工具和费用等，做好技术经济比较，择优选用，同时根据使用计划组织进场，力争节省投资。

三、技术准备

（一）熟悉图纸资料和有关文件

施工单位接受工程任务后，应全面熟悉施工图纸、资料和有关文件，参加工程主管部门或建设单位组织的设计交底和图纸会审并做好记录。

1.设计图纸是施工的依据，施工单位和全体施工人员必须按图施工，未经业主和监理工程师同意，施工单位和施工人员无权修改设计图纸，更不能没有设计图纸就擅自施工。

2.施工单位应组织有关人员对施工图纸和资料进行学习和自审，做到心中有数，如有疑问或发现差错应在设计交底和图纸会审中提出，请上级给予解答。

3.设计交底和图纸会审中，着重要解决以下几个问题：

（1）设计依据与施工现场的实际情况是否一致。

（2）设计中所提出的工程材料、施工工艺的特殊要求，施工单位能否实现和解决。

（3）设计能否满足工程质量及安全要求，是否符合国家有关规范、标准。

（4）施工图纸中土建及其他专业（水、电、通信、供油等）相互之间有无矛盾，图纸及说明是否齐全。

（5）图纸上的尺寸、高程、轴线、预留孔（洞）、预埋件和工程量的计算有无差错、遗漏和矛盾。

（二）施工组织设计

根据设计文件、现场条件、各单位工程的施工程序及相互关系、工期要求以及有关定额等编制施工组织设计。

施工总平面图是施工组织设计中的重要组成部分，实践证明：其布局合理与否，不仅直接关系到是否便于施工，而且对工程造价、工期、质量，乃至与当地关系等方面都会产生很大的影响。因此，必须做好该项工作。

施工总平面的布局应符合下列要求：

1.应与现场的地物地貌相结合，做到布局合理、工程量少、便于施工及使用。

2.各项临时工程设施应尽可能与永久工程相结合，尽量不占或少占耕地，不应早占或占而不用，以减少投资和节约用地。

3.临时排水、防洪设施不得损害邻近的永久性建（构）筑物的地基与基础、挖（填）方区边坡以及当地的农田、水利设施等。

（三）技术交底

施工单位应根据设计文件和施工组织设计，逐级做好技术交底工作。

技术交底是施工单位把设计要求、施工技术要求和质量标准贯彻到基层以至现场工作人员的有效方法，是技术管理工作中的一个重要环节。它通常包括施工图纸交底、施工技术措施交底以及安全技术交底等。这项交底工作分别由高一级技术负责人、单位工程负责人、施工队长、作业班组长逐级组织进行。

施工组织设计一般先由施工单位总工程师负责向参加施工的班组长和作业人员交底，并认真讨论贯彻落实。

（四）技术保障

对于施工难度大、技术要求高以及首次采用新技术、新工艺、新材料的工程，施工单位应根据工程特点，结合本单位的技术状况，制定相应的技术保障措施，做好技术培训工作，必要时应先行试点，取得经验并经监理单位批准后推广。确保工程质量的措施如下：

1.具体质量目标

本标段工程质量一次验收优良率100%，不允许出现不合格工程，坚决杜绝不合格项目，不论是自检，还是业主监理的中检、抽检、终检，都应达到100%的优良率，获得良好的信誉。

2.质量控制机构和创优规划

质量管理领导小组是整个工程质量管理的最高领导机构，由项目总经理、总工程师、副经理、质检部长、实验室主任、工程管理部长组成，制定整个合同段工程质量创优规划、方针、措施。各施工队分别设质量管理现场领导组，由施工部长、质检部长、工程部长、主任工程师组成。质检部和试验室专职抓现场质量管理。施工队一级的质量管理机构在项目经理部质量管理小组领导下，制订本工段施工区段的创优措施和质量实施计划，并重在现场落实。施工队所属各施工班组根据自己的创优任务，拟定项目工程具体的分项实施计划，责任到人，严格要求，全员全过程质量控制。

3.强化质量意识，健全规章制度

（1）建立施工组织设计审批制度

1）施工组织设计必须有项目经理、副经理、项目工程师、安全员、材料员、监理工程师等的签字。

2）施工组织设计必须在工程实施前15天报监理工程师和工程部，由工程管理部主任工程师审核后报总工程师审批。

3）施工组织设计必须经各级审批并最后由监理工程师审批后，并且按审批意见进行修改完善，方可进行施工。

（2）技术复核、隐蔽工程验收制度

1）应在施工组织设计中编制技术复核计划，明确复核内容、部位、复核人员及复核方法。

2）公路工程技术复核。

3）技术复核结果应填写《分部分项工程技术复核记录》，作为施工技术资料归档。

4）凡分项工程的施工结果被后道施工所覆盖，均应进行隐蔽工作验收。隐蔽验收的结果必须填写《隐蔽工程验收记录》。

（3）技术、质量交底制度

技术、质量的交底工作是施工过程基础管理中一项不可缺少的重要工作内容，交底必须采用书面签证确认形式，具体可分以下几方面：

1）项目经理必须组织项目部全体人员对图纸进行认真学习，并同设计代表联系进行设计交底。

2）施工组织设计编制完毕并送业主和总监审批确认后，由项目经理牵头，项目工程师组织全体人员认真学习施工方案，并进行技术、质量、安全书面交底，列出关键分部工程和施工要点。

3）本着谁负责施工谁负责质量、安全工作的原则，各分管分项工程负责人在安排施工任务同时，必须对施工班组进行书面技术质量、安全交底，必须做到交底不明确不上岗、不签证不上岗。

（4）二级验收及分部分项质量评定制度

1）分项工程施工过程中，各分管负责人必须督促班组做好自检工作，确保当天问题当天整改完毕。

2）分项工程施工完毕后，各分管负责人必须及时组织班组进行分项工程质量评定工作，并填写分项工程质量评定表交施工队长确认，最终评定由项目经理部的质检部专职质量员检定。

3）项目经理部每月组织一次施工队之间的质量互检，并进行质量讲评。

4）质检部对每个项目进行不定期抽样检查，发现问题以书面形式发出限期整改指令单，项目施工队负责在指定期限内将整改情况以书面形式反馈到质检部。

（5）现场材料质量管理

1）严格控制外加工、采购材料的质量

各种地方材料、外购材料到现场后必须由质检部和材料部有关人员进行抽样检查，发现问题立即与供货商联系，直到退货。

2）搞好原材料二次复试取样、送样工作

水泥必须取样进行物理试验。钢筋原材料必须取样进行物理试验。有效期超过三个月的水泥必须重新取样进行物理试验，合格后方可使用。

4. 分部分项工程质量控制

（1）路基土方施工质量控制

1）路基填筑严格按照试验段试验结果并经监理工程师批准的数据和填筑工艺组织施工。路基施工中除保证达到规范要求的压实度外，还要达到层层找平，即每层均有一定的平整度，每层都要有路拱，随时阻止雨水聚积，影响填方质量。对路基填料随时检测含水量，偏低时洒水，偏高时晾晒，保证碾压时达到最佳含水量。路堤基底未经监理工程师验收，不得开始填筑，下一层填土未经工程师检验合格，上一层填土不得进行。

2）斜坡上填筑路基时，原地挖成台阶，台阶宽度不小于1m，用小型压路机加以压实。

3）每层填料铺设的宽度，每侧应超出路堤的设计宽度30cm，以保证修整路基边坡后的路缘有足够的压实度。

4）路堑开挖，无论是人工或机械作业，必须严格控制路基设计宽度，若有超挖，应用与挖方相同的土壤填补，并压实至规定要求，如不能达到规定要求，应用合适的筑路材料补填压实。

5）桥台背后、管涵两侧与顶部、锥坡与挡土墙等构造物背后的填土均应分层压实，每层压实的松铺厚度不宜超过20cm。拱涵两侧的填土与压实和桥台背后与锥坡的填土与压实，均应对称地或同步进行。由于工作面限制和构造物受压影响，应尽量采用小型手扶式振动压路机，拱涵顶部50cm内须采用轻型静力压路机压实，以符合规定的压实度为准。

（2）路基排水工程质量控制

1）边沟、截水沟、急流槽等排水设施的位置、断面、尺寸、坡度、标高及使用材料严格遵照设计图纸要求。

2）边沟线形美观，直线线形顺直，曲线圆滑。

3）砌体砂浆配比正确，砌筑紧密，嵌缝饱满、密实，勾缝平顺无剥落，缝宽一致。

4）沟槽开挖后即时平整夯拍密实，如土质干燥须洒水湿润，遇有空洞陷穴，应堵塞夯实。水泥砂浆随拌随用，砌筑完后注意养生，砌筑过程中随时注意沟底沟壁的平整坚实，砂浆要饱满，无空隙松动。

（3）护面墙和挡土墙质量控制措施

1）严格挂线施工，保证护面墙坡面平整、密实、线型顺适。

2）浆砌砌体紧密、错缝，严禁通缝、叠砌和浮塞。

3）为排水所设置的汇水孔位置应有利于泄水流向路侧边沟或排水沟并保持其畅通。

4）砌石工程材料符合《公路路基施工技术规范（JTJ033—95）》和招标文件要求。

（4）桥梁基础质量控制

基坑开挖应避免超挖，已经超挖或松动部分，应将松动部分予以清除。挖至标高后不得长时间暴露、扰动或浸泡，而削弱其承载能力。挖至接近标高时，保留10~20cm（俗称最后一锹工），在基础施工前以人工突击挖除，并迅速检验，随即进行基础施工。

（5）墩台施工质量控制

1）墩台的钢模板具有足够的强度、刚度和稳定性，可承受施工中可能产生的各项荷载，保证结构物各部尺寸、形状准确。桥台模板基本使用大尺寸钢模，板面平整，接缝严密不漏浆。

2）浇筑墩台混凝土施工中，严格控制技术标准，切实保证混凝土的配合比、水灰比和坍落度等指标要求。

（6）空心板、矩形板质量控制

1）浇筑预制大梁的场地，必须平整、坚实，避免低注、积水。

2）浇筑预制大梁的模板尺寸、垫块、钢筋位置和预埋件的固定，均经检查符合设计、施工要求后，方可进行浇筑，并在浇筑过程中随时复查，防止跑模。

3）每块大梁的混凝土均一次浇筑完成，不得中途间断。

4）采用附着式振动器和插入式振捣棒组合振捣密实。

5）及时进行养护。

5.保证工期的主要措施

为使该项目能以"四个一流"的标准按期完成，尽早实现投资效益，主要采取下列措施：

（1）指挥机构迅速成立，及时到位

为加快本建设，公司应设立有力的合同段项目经理，对内指挥施工生产，对外负责合同履行及协调联络。经理部主要成员已经确定，一旦中标，即可迅速到位行使职能。

（2）施工力量迅速进场

实施工程项目的施工队伍已选定后，开始熟悉投标图纸，中标后即可迅速进场，进行施工准备。机械设备将随同施工队伍迅速抵达，确保主体工程按时（或提前）开工。

（3）施工准备抓早抓紧

尽快做好施工准备工作，认真复核图纸，进一步完善施工组织设计，落实重大施工方案，积极配合业主及有关单位办理征地拆迁手续。主动疏通地方关系，取得地方政府及有关部门的支持。施工中遇到问题影响进度时，统筹安排，及时调整，确保总体工期。

（4）施工组织不断优化

以投标的施工组织进度和工期要求为据，及时完善施工组织设计，落实施工方案，报监理工程师审批。根据施工情况变化，不断进行设计、优化，使工序衔接，劳动力组织，机具设备、工期安排等有利于施工生产。

（5）施工调度高效运转。

（6）建立从经理部到各施工处的调度指挥系统，全面、及时掌握并迅速、准确地处理影响施工进度的各种问题。对工程交叉和施工干扰应加强指挥和协调，对重大关键问题超前研究，制订措施，及时调整工序和调动人、财、物、机，保证工程的连续性和均衡性。

（7）强化施工管理严明劳动纪律，对劳动力实行动态管理，优化组合，使作业专业化、正规化。

（8）实行内部经济承包责任制，既重包又重管，使责任和效益挂钩、个人利益和完成工作量挂钩，做到多劳多得，调动施工队每个人的积极性和创造性。

（9）安排好冬、雨季的施工。根据当地气象、水文资料，有预见性地调整各项工作的施工顺序，并做好预防工作，使工程能有序和不间断地进行。

（10）加强机械设备管理，切实做到加强机械设备的检修和维修工作，配齐维修人员，配足常用配件，确保机械正常运转，对主要工序要储备一定的备用机械，确保机械化施工顺利进行。

（11）确保劳动力充足、高效。根据工程需要，配备充足的技术人员和技术工人，并采用各项措施，提高劳动者技术素质和工作效率。

四、质量保证体系

质量是生命，是企业生存、发展之本，更是公司全体员工在各自工作岗位上应始终坚守的信念，并在实施全过程中落实，确保项目的顺利实施，确保公路的高质量管理体系的实施。

（一）具体质量目标——争创国优，誓夺"优良工程"荣誉

标段质量一次验收优良率100%，不允许出现评价不合格工程，坚决杜绝不合格项目，不论是自检，还是业主、监理工程师的中检、抽检、终检，任何时间都要达到100%的优良率，必须都要达到部优标准，争创国优，誓夺"优良工程"荣誉。

（二）总则

1.认真落实《公路工程施工企业质量自检体系管理暂行规定》，严格贯彻执行《公路建设工程优质优价实施办法》。

2.整个工程及分项、分部工程按施工规定施工，按《施工监理程序和实施细则》进行检查。

（1）领导组定期抽查。

（2）质检部配合驻地监理人员对分项、分部工程的检验和自检。

3.质量工程依据设计文件要求，交通运输部颁发的施工技术规程、规范、质量检查、验收标准，做到严格认真、准确及时，真实可靠、系统达标。

4.质量指标以数据考评来起到把关、指导作用，并实行奖罚制度。

（三）质量控制机构和创优规划

工程质量的优劣是关系到工程运营生产的百年大计的问题，也是关系到施工承包企业生死存亡、能否在市场竞争中取得胜利的根本问题，作为工程施工的承包商和项目经理，应该从领导和决策方面，以战略的眼光看待这一问题，为此公司特建立质量保证体系，实施项目经理负责制。

质量管理领导小组是整个工程质量管理的最高领导机构，由项目总经理、总工程师、副经理、质检部长、实验室主任、工程管理部长组成，制订整个合同段工程质量

分创优规划、方针、措施。

各施工队分别设质量管理现场领导组，由施工队长、质检科长、工程科长、主任工程师组成。质检科和试验室专职抓现场质量管理。施工队一级的质量管理机构在项目经理部质量管理小组领导下，制订本工段施工区段的创优措施、质量实施计划，并在现场落实。施工队所属各施工班组根据自己的创优任务，拟定项目工程具体的分项实施计划，责任到人，严格要求，全员全过程质量控制。对各段的施工难点、关键工序进行分析，选定有关课题，成立小组科学指导施工，积极推广新技术、新工艺、新材料，为质量全优的目标共同努力。

建立一系列责任制度，包括项目经理质量责任制、总工程质量责任制、质检工程师责任制、试验人员责任制、测量人员责任制、生产班长责任制、操作人员责任制，使每个管理员、操作人员都同工程质量紧密联系，做到全员质量控制。针对施工过程、内容、程度制订不同的制度，严格执行施工组织设计审批制度、技术质量交底制度、工序交接制度、技术复核制度、隐蔽工程验收制度、二级验收及分部分项质量评定制度、现场材料质量管理制度，并对作业人员坚持定期质量教育和考核。施工前组织人员，对照工地实际情况，细致复核图纸，发现问题与工程师取得联系，要在工程师的指导下进行修正，即实行开工报告审批制、工地实验检测制、分阶段技术交底制、定期与日常质量教育检查制，并严格施行工程质量奖罚制度。

项目经理部建立严格的质量检查组织机构，全力支持和充分发挥质检机构人员的作用。主动接受监理工程师的监督和帮助，积极为监理工程师的生活提供和创造便利的条件。

（四）项目质量管理

保证质量，重点是在操作、控制上下功夫，必须严格履行下列程序：

1. 奠定良好的质量管理基础，狠抓工程技术工作，工程技术工作以招标文件和合同规范及图纸为依据，参照工程量清单，制订相应的技术管理制度，做好施工组织设计，采用先进合理的施工工艺和技术，以保证质量目标的实现。

2. 熟悉合同条件中有关技术、质量要求和条款，有关这方面的合同条款，要做到了如指掌，严格遵照执行。

3. 熟悉设计图纸并建立审核把关制度，领会设计意图，对图示各结构以及轴位尺寸标高必须一一验证，并与实地核对，做到准确无误，以免出现缺陷导致返工浪费。

4. 熟悉并掌握施工技术规范和质量验收标准，施工承包合同中的技术规范和质量标准是提高工程技术管理的重要依据，该技术规范包括工程项目规范和范围、施工工艺和方法、材料及设备的性能与指标，对施工过程起着指导性的制约作用。

5. 做好施工组织与技术设计工作，指导施工进度，同时选择有技术性专业的精兵强将，采用先进技术和现代化的电脑管理手段，使人员和技术水平相协调，发挥出各自的积极作用。

6. 建立必要的技术规章制度，注意完善技术档案工作，严格执行工地现场的信息报告联络制度，工地会议制度、即时将有关合同文件、规范、图纸、变更令、会议纪要、信息、财务专账分门别类归档保管。

7. 技术交底必须及时、全面、彻底，手续一律以书写形式出现，做到责任明确，由工程技术主管负责执行。根据工程特点设立测量组承担线形纵横轴线测量放线工作，放线时有工程队的责任技术员参加，定位桩由施工技术人员负责保护。

8. 施工过程质量控制要做到工序层层把关，实验室负责实验配比、剂量配合及现场过磅，质检科除履行全面质检评定之外，还要配合驻地监理做好施工与监理程序和资料工作。工程分项、分部的开工，施工中前后设计变更，工程质量现场把关、控制、逐项签认，以及质量合格与否和质量隐患、事故等，均按《公路工程监理工作实施细则》执行。树立一切为用户服务的观点，强调工程质量的全面管理，要围绕用户展开工作，建立行之有效的质量监督检查体系。

（1）确立"防检结合、以防为主、重在提高"的观点

不仅要对工程质量的结构进行管理，更重要的是对原因的管理，对施工工艺方法及各施工环节进行检查，检验采购材料是否符合质量标准，检查预防施工工序和方法是否符合标准，对关键工种操作的技术工人要事先培训并进行技术考核，合格后才能上岗操作。

（2）树立"一切用数据说话"的观点

工程施工的全面质量有定性的变化趋势的预测、分析的判断和要求。

（3）严格执行标号砼操作细则

施行责任制度并设专门技术人员和质检人员负责技术指导和质量监督。

（4）认真做好检查凭证的签证工作

施工过程中的系统检查、签证工作，是工程质量的保证，签证前要认真检查，合格后填写检查凭证并请监理工程师会同检查签证。

五、技术保证措施

（一）工程开工前，必须按分部、分项编写完善的施工组织设计和施工要点

常规分部、分项编写标准施工组织设计和施工要点，特殊分部、分项要特殊编写施工组织设计和施工工艺及要点。施工组织设计和施工要点必须经主任工程师和监理工程师审核后方可执行。

施工工艺设计的主要内容包括：工程概况、主要工序施工方法和操作规程、施工大样图、结构计算、质量要求等级标准、试验测量的要求及方法、施工人员、材料和设备使用计划等。

（二）施工技术管理

以施工组织设计为纲领，以施工工艺设计和施工要点为指导，以三级技术交底、操作规程和工序交接检查为保证，严格进行各施工工序的控制与管理。对易产生问题或出现质量病的部位要加大技术投入和管理力度，严格遵守操作规程和施工工艺流程。

（三）工程质量检测与评定

为防止路基不均匀沉降、桥头跳车和桥面砼脱落，对路基土方工程实行压实度、弯沉值双控制；桥头填土采取特殊技术处理措施，按独立分项进行质量检测和评定；桥面水泥砼表面须经凿毛、涂刷粘层油后，方可摊铺沥青砼面层。

（四）水泥砼工程须集中拌和

小型砼工程和高标号砂浆须机械拌和，零星砼及砂浆一律严格计量（严禁使用体积法）；T型主梁、工型梁、25m以上空心板梁及箱梁的预制或现浇工程、所有表露砼构件一律使用钢模板；严格控制预应力反拱度；确保工型梁桥面板的设计厚度。

按要求配置施工机械和试验检测设计，提高施工机械化水平、质量监测水平和各种设备的应用效率。

第二节　公路建设的重点技术

一、施工特点和路面基层

（一）公路技术施工特点

1. 从工艺角度来看，进行混凝土的拌和操作时，既可以选择在施工现场的路面上进行直接的拌和，也可以在固定的搅拌站中进行，同时也可以通过路拌机在进行道路施工的同时进行拌和操作，无论哪种方式都能够保证施工的质量。

2. 实现了抗拉能力的提升。作为路面的基层填料，水泥稳定层中抗拉强度影响最大的是集料颗粒之间的黏结力及摩擦力，并且其抗拉能力与其他的填料相比提高了很多。同时，还可以针对不同路面的需求进行配比方式的调整，进而调节抗拉能力的强弱。

3. 水泥稳定碎石基层的强度与刚度是由其龄期所决定的。通过对数据进行分析，随着龄期的增长，水泥稳定碎石基层的强度以及刚度会变强，增长期可能会超过两年。

4. 水泥稳定碎石的材料会受到温度的影响。进行道路的施工时，外界环境因素有很多，而施工的温度是对施工影响最大的。水泥在高温的条件下会发生化学反应，直接影响其强度。通常情况下，温度越高，水泥的强度就越强，当温度低于某一个值时，水泥甚至无法发挥其效用。

5. 在道路的施工过程中，需要遵守一定的道路施工规范。例如，石灰粉以及石灰土等工程材料不能作为道路的基层使用，但是却可以应用在底基层中。这些规定主要是根据材料的物理特性来制订的，所以在施工中要严格地遵守施工规范。

（二）公路路面基层施工的要求

1. 技术方面的要求

（1）刚度以及强度要求。道路的基层要满足足够的强度以及刚度要求，在道路预定的作用下，基层不会受到车轮荷载的影响而变形，也不会产生道路的残余等问题。

（2）稳定性要求。即当道路由于某些原因进入较多的水时，不会对道路的基层强度产生太大的影响，保证道路基层是稳定的。

（3）抗冲刷能力。当有行车作用在道路上时，会对道路各个结构中的自由水产生一定的压力，这种压力会造成材料中细料等被反复地冲刷，长时间的作用可能会产生浆液，使路面形成一定的裂缝，影响道路的功能。

2.材料方面的要求

级配沙砾是基层路面的主要材料，但是在进行材料的选择时，需要根据质量的要求从众多的种类中选择合适的一种，否则就会影响路面的质量。因此，进行材料的选择时，需要对工程的实际情况进行分析，根据路面的施工要求与标准进行材料的选择，进而保证工程的质量与施工要求。

3.施工人员方面的要求

通常进行施工的人员数量很多，为了保证施工的进度，这些人员之间必须能够进行完美的配合，并且为了保证施工的质量，对人员的能力也有一定的要求。对于一些对质量等有特殊要求的岗位还需要进行人员的特殊安排，挑选专门的施工人员来完成。

4.设备方面的要求

机械设备是保证现代化施工的重要组成部分，在公路的基层施工中同样需要使用多种设备。而在进行设备的选择与应用时，要在施工要求的指引下，充分地考虑到经济性。进行设备的选择时，首先要对施工的要求进行分析，当选择某一设备之后，在实际的开工前还需要进行设备的检验，保证项目开工之后能够顺利地进行。

（三）公路路面基层的种类

目前，我国的公路已经形成一定的体系结构，对路面基层的种类已经进行了合理的划分与管理。为了实现各类公路的要求，需要针对公路的类型进行施工。

与外国相比，我国的公路发展较晚，但是我国在开始进行公路的建设之后，其速度是非常惊人的，并且也取得了突破性的进展。但是，我目前国在施工规定的建立方面还略有不足。近年来，随着经济的快速发展，公路的建设进程也在不断地加快，目前，我国对路面基层的材料等已经进行严格的规定与划分，主要包括以下几种类别：

（1）由级配材料以及沥青、碎石等组成的柔性碎石材料。

（2）包括混凝土以及水泥等多种材料在内的半刚性的材料。

（3）由水泥混凝土以及碾压混凝土等组成的刚性材料。

（4）在公路的建设中，根据建设的需求可以在不同的基层部分采用不同的建设材料，这就形成了复合型的基层材料。

二、路面基层施工工艺和质量控制

（一）施工工艺

在施工过程中，进行工艺的控制可以从以下三个方面进行：首先，对施工的原材料进行严格的把关。当选择好原材料之后，对所采购的材料质量进行认真的检查，之后要将施工过程中所需要的设备等准备完毕；其次，进行材料的配比计算以及准备工作，将材料进行充分的拌和，接下来将准备好的混合之后的材料运输到现场，进行路面的施工，铺好材料之后，将进行下一步工作的压路机准备就绪；最后，对路面进行压实操作，并且对施工的结果以及效果进行验收，并请相关的责任人进行项目的验收签字。

1. 级配碎石拌和

级配碎石是道路施工过程中的一种重要的材料，但是由于该材料的特殊性，需要对材料的含水率进行深入的考虑。在不同的天气情况下，该材料需要添加不同的水量，以中和天气因素对材料含水量的影响。同时，还需要对材料的运输以及施工设备等进行综合的考虑，在不同的情况下对水量进行一定的调整，从而保证工程的质量。

2. 级配碎石运输

由于级配碎石的特殊性，其在运输过程中会减少一部分的含水量，所以需要注意运输过程中各种因素。例如，运输时车内的材料要尽可能地平铺，并且为了减少水分的流失，可以在材料的上方进行一定的覆盖或遮挡。

3. 级配碎石摊铺

当材料运输到施工地之后，需要将材料摊铺到马路上。摊铺的工具主要有两种，一种是推土机，一种是摊铺机。两种工具有其各自的优点，摊铺机，可以使材料被摊铺得更加平整，而推土机则可以摊铺得更加迅速，所以在实际的工作中，可以将两种工具进行搭配来施工。

4. 级配碎石碾压

首先，对摊铺好的材料进行振实操作，之后采用压路机对道路进行进一步的碾压，在不同的天气或季节研究中，对碾压有不同的要求，为了保证含水量在一个规定的范围之内，有时候还需要洒水车配合工作。

5. 级配碎石接缝处理

碾压之后要对道路中碎石层的接缝进行进一步的处理。在进行材料的摊铺时，如果摊铺的道路过宽，一台机器无法摊平，则需要两台机器进行共同作业。如果施工过程中无法保证两台摊铺机进行共同作业，则为了避免缝隙的产生，一台摊铺机在进行工作时，需要对两次操作之间的边部进行预留，之后再进行压实操作，从而保证道路的接缝处得到完美的处理。

（二）施工流程

1. 沥青混合料的运输与搅拌

进行物料的搅拌是路面基层施工工作的第一步，物料是否进行充分的搅拌会直接影响后面工序能否顺利进行。所以，在进行物料的搅拌时，必须对其过程进行充分的监督，并且对物料的比例进行严格的控制。通常情况下，在进行大量的物料搅拌之前，会取部分样品进行试拌，进而保证物料的搅拌是正确的。在物料的搅拌过程中，也需要不断地观察其是否搅拌得均匀，并且及时地进行搅拌操作的调整，保证物料搅拌得充分均匀。

在物料搅拌完成之后，要对物料的温度进行检测，为了减少物料的水分流失，需要选择专门的运输车进行物料的运输，同时要保证物料在运输过程中水分不会由于操作上的失误而产生变化。

2. 沥青混合料的摊铺

当混合料运输到工地之后，需要在一定的速度要求之下均匀地进行摊铺工作。摊铺的速度不能过快，也不能过慢，否则会造成水分的流失。因此，摊铺的速度要结合材料的数量以及摊铺的要求等进行综合的考虑。同时，摊铺过程中还要保证材料的厚度及宽度，这些都需要根据施工的要求来执行。

3. 路面夯压

完成了物料的摊铺之后，需要利用机械设备对混合料进行压实操作。进行压实操作时，要遵守一定的操作流程。首先要保证压路机的速度，并且要匀速地进行。其次，为了避免对一条道路进行重复压实，需要在每一次操作之后进行标记，接下来不要将任何设备停放在刚刚压实的道路上，避免道路出现不平整的情况。最后，当操作完成之后，需要安排专门的检查人员对道路进行测量与检查。

4. 施工接缝处理

在施工的过程中，如果由于某些原因导致了施工过程的中断，则在再次施工时需要采用横缝操作。如果没有在超过两个小时未施工的道路上设置横缝，则需要铲除附近的全面混合料，并且重新进行压实操作，之后还需要进行断面的设置。以上所做的这些操作都是为了避免因道路中出现不必要的缝隙而影响道路的质量与功能。

5. 检验

当施工完成之后，需要对施工的道路质量进行全面的检查，质量检查工作通常是由施工单位来进行的。在对施工的道路进行检查时，需要参考一定的检查标准，并且依据道路的建设要求，对施工的质量进行全面的检查。这时，施工单位可以委托专门的质量检查单位来对施工的质量进行检测，从而保证检测结果的可信度。如果在对质量进行检查的过程中发现了问题，则需要及时地将问题反馈给施工单位进行进一步的处理。处理之后还需要重新检查，直到检查通过质量要求为止。

（三）质量控制

1. 运输过程的质量控制

物料的拌和是道路施工的第一道工序，物料的质量会直接影响道路的质量，而物料在进行运输的过程中可能会由于外界的原因而对物料的水分产生影响。因此，需要对物料的运输进行严格的质量控制。物料运输的控制手段主要有：减少施工现场与物料搅拌地之间的距离，同时保证同批物料能够同时装车与同时运输，在进行运输的过程中，为了防止水分的流失，可以对物料进行一定的遮挡，最后要对运输车的速度等进行有效的控制，防止物料的磨损等情况发生。

2. 搅拌过程中的质量控制

在拌和中要控制好质量，就要做好下面的工作：一是按时检测集料级配，调整配比；二是检测拌和好的混合料，是不是可以达到施工标准；三是在规定的时间检测混合料的含水量，根据条件的变化改变含水量；四是拌和站与试验室加强交流沟通，使试验数据能够快速地应用。

3. 摊铺过程中的质量控制

在摊铺的过程中，摊铺机要做到匀速前进，才能使摊铺的厚度达到均匀的效果，夯锤开度是不能随意改变的，只有技术人员调整相应摊铺速度后才可以调整夯锤开度，使铺面达到标准的要求。在施实工的过程当中，要时常检查钢丝的高度和铺面的厚度与均匀度。

4. 路面夯压质量的控制

在进行路面夯压的时候，也不能忽视施工的质量，具体方法有：所用机械要准备齐全，并要具备足够的压实能力，为了达到混合料的压实效果，在施工现场中要准备各种型号、吨位、数量的压路机，以达到压实的标准，在进行碾压操作时，要按照规定的流程来严格执行，以便可以在终凝前顺利完成碾压，在进行碾压时要检察基层的含水量，含水量过低就要进行洒水来增加含水量；操作完成后要重点检测衔接位置，发现错误第一时间纠正。

三、混合料配合比

（一）上面层混合料拌和与配合

1. 控制室要使用打印机打印出所使用的各种料的用量与拌和温度，在规定时间对使用的仪器进行校核。

2. 试拌以决定拌和时间。每盘料的拌和时间大于45s，才能使所有用料拌和均匀。

3. 在操作当中要及时注意混合料是否达到标准，对出现的不正常情况进行及时解决。如果是质量方面的问题，要及时改正。

4. 定时对拌和机混合料进行试做来进行验证，并同时检测各个指标数据，使其达到标准要求。增加对相对密度的试验，并和理论数据对比。

（1）油石比误差范围：-0.1%~ +0.2%。

（2）矿料级配关键筛孔与生产配合比设计标准级配的允许差值为: 0.075mm ± 1%; ≤ 2.36mm+3%; ≥ 4.75mm+5%。

5. 控制沥青和集料的加热温度和沥青混合料的出厂温度。集料温度比沥青温度高10~15℃，热混合料成品经过储存后，其温度下降应该小于10℃，贮料仓的储料时间要小于72小时。

6. 工作完成后，进行各料的总结。抽查矿料级配，得出平均施工级配与油石比，并和标准要求对比，用产量来算出平均厚度，并和标准厚度比较。

7. 每一个星期都要对检测的成果进行分析，根据各个指标的数据，来看其是不是在正常范围内。

（二）下面层混合料配合比

1. 级配及原料配比。按照要求，项目的底基层、基层综合稳定土的颗粒配比，应该使用施工规范 PI0 表级配在理论上运用中值较为合理，通过试验得出，级配合理的材料具有更高的强度。根据所做的试验，级配不合理的材料如果要达到标准，水泥的量须大于 6%，而级配合理的，水泥的量只要 4%。因此级配是很重要的。

2. 混合料的拌和。对于下面层的施工，使用加隆 5000 型拌和站。

（1）控制室逐盘打印各料用量和拌和温度，定时检测计量并测温。

（2）拌和时间为 45s。这个时间经过试验拌和最均匀。

（3）目测混合料，对不正常进行分析，出现问题要及时改正。

（4）在规定的时间对拌和机的混合料进行检验，检测油石比、矿料级配。

3. 对沥青和集料的加热温度及沥青混合料的出厂温度进行控制。应将集料温度控制在沥青温度之上 10~15℃，热混合料成品的储存温度的下降幅度应控制在 10℃以内。

4. 每日都要进行总量控制。根据各部门具体情况对其进行检查；对平均施工级配和油石比对相关工作进行修正；统计平均厚度并根据设计厚度进行校准。

5. 以一周为周期对检测结果进行统计分析，得出标准差和变异系数等相关指数，以此对生产情况进行评测。

四、工程方案

（一）工程施工方案

1. 级配碎石底基层、水泥稳定碎石基层方案

由于底基层是级配碎石底基层，为了消除路基等部分发软的隐患，在底基层工作开始实施后需要迅速用水泥来稳定。若遇到下雨等特殊天气，应及时采取防雨、限制交通等措施，另外还应保持中分带排水畅通。

技术准备。参照相关法律法规对原材料进行检测、设计和申报。

测量放样。路线中每隔十米确定一桩，取摊铺宽度两侧 0.3 米设为导线桩，敷设导线，同时对其检查和修正。

混合料的生产。采用 WBS700 或 WBS800 稳定土拌和设备集中厂拌，由装载机上料，摊铺前要对拌和设备进行修正，得出各材料所需要使用的量。

混合料生产中给拌和站分配 5 名普通工人，5 名工人中 1 名带班组长负责管理，2 名工人负责清理碎石下料和杂物，1 名工人负责给车辆装料，1 名工人负责清除下料皮带杂物。对混合料的含水率应严格把控，要将拌和含水率控制在最佳含水率之上，以完成规定的压实度为目标，以既定方法进行严格操作。为保障水泥质量，应对水泥的生产过程进行严格把关和检测。

混合料的运输。按既定的操作方法，利用大吨位的自卸车对混合料进行装车、运送。为了保证质量，混合料的运送速度应在合理的范围内适当提升，为减少混合料中水分的蒸发，在运输过程中应进行覆盖操作。对于摊铺机，应根据实际的情况进行配备。

摊铺。利用 1 台具备自动调平功能的摊铺机按双导线控制标高的方式、按规定的松铺厚度半路幅一次性摊铺。为保证摊铺质量，应对摊铺速度进行合理的调整。松铺系数由试验路段的情况确定。摊铺工作设置 2 名负责指挥工作和监测工作的技术员和 15 名负责相关具体工作的普通工人。

碾压。摊铺工作完成后应及时碾压，碾压时采用先轻度碾压再重度碾压、先碾压两侧再碾压中间、碾压速度由快到慢的方法。具体操作根据设计结果和实际情况而决定。

对于直线道路应采用由两边逐渐向中间滚动的方式，弯曲的道路则采用由内部逐渐向外部滚动的方式。滚动过程中会覆盖二分之一的轮宽，后轮要超出两段的连接地，后轮把整个路面滚动完就是一遍。须在一定的时间里完成所有操作，还要按照规定的标准做到不能遗留后轮印记。车轮在滚动路面时会出现起皮和松散的情况，针对这种情况使用相应的办法进行解决和处理，达到规定的质量标准。禁止在施工的道路上掉头和紧急刹车，确保施工的路面没有损坏。进行施工时，路面要一直呈湿润状态，如果没有达到湿度标准就要采取应对措施，如洒水等。施工完毕后要进一步进行相关检测，如果没有达到规定的要求，须进行再次施工。

接缝处理。要遵循相关的规定进行接缝。完成每天机械工作后，出现横缝需要用手工进行操作。全部工作完成后对路面进行检测，包含路面平整和高度。次日，摊铺机工作过程中，需要在机器下方垫一块薄木板，木板厚度要结合实际压实量确定。按照一定的方向和速度进行路面碾压，然后根据规定的密实度和平整度进行纵向碾压。碾压过程中受到某种因素影响造成间断 2 个小时以上时，就要采用横向施工缝。

裂缝处理。处在底层的水泥碎石裂缝之间的距离要超过 5m，在 50m 内裂缝数不能超过 6 条，沥青进行乳化倒入缝隙，铺设玻璃纤维格栅进行巩固。

水泥稳定碎石基层养生。相关部门验收完毕后，对路面进行一定时间的养护，在养护过程中每天对路面进行洒水以保持一定湿度，严禁各种车辆行驶，如有特殊情况，禁止重型车辆行驶，其他车辆车速应该控制在 30km/h 以内。沥青经过车辆的碾压基本成型后，没有达到硬化标准时要再次喷洒沥青。第一次喷洒的沥青标准含量为 35%，慢慢渗透到路面基层。第二次喷洒的含量比第一次高，沥青乳液进行分裂然后撒入 5~10mm 碎石形成下封层，施工车辆就可以在路面行驶。

开放交通。道路养护完成后，开放交通，限制车辆行驶速度。

交工验收。完成施工后，对路面压实度、平整和宽度进行严格的检查。把检查数据记录存档。

（二）沥青路面施工方案

严格遵循相关技术规定和图纸要求，提供高质量原材料，每个操作流程相互配合。

1. 拌和设备

①按照规定的标准，使用 5000 型间隙式拌和机，达到 300T/h 以上的生产力。配备布袋式除尘器，烟尘排放浓度 ≤ 50mg/Nm，严禁利用回收粉尘替代矿粉。

②拌和设备在工作时，对沥青和其他材料的用量和温度做好详细记录。

③拌和设备根据矿料种类选择振动筛筛孔，以对矿料具有的可筛分性、振动能力进行试验来确定安装角度。

④拌和设备生产力和摊铺机进度相结合，按照要求进行调试，直到满足要求。

⑤进行试验前，使用的计量工具要得到相关部门的检验并获得相关证书。

2. 运输设备

①运输车辆必须具备覆盖设备，可以确保一定的温度并防尘。在其他合适地方插入温度计进行测量。

②根据实际情况，确保施工现场的车辆数为 2~3 辆。

3. 摊铺及压实设备

①利用具有红外线激光的找平仪，满足生产操作要求。

②摊铺混合料过程中，摊铺机要按照规定的行进速度与供料速度相互配合。

③按规定和相关参数对压实设备进行配备。工作过程按既定规范进行。

4. 混合料的拌和

①根据设计方案和实际情况进行调试、考核和验收。

②拌和站需要有 2 名测试工、2 名操作手、8 名普工协助配合生产，测试工随时随地观测沥青混合料、沥青温度、出厂温度。

③当没有施工配合通知单时是不允许施工的，没有负责人的批准不允许开盘，当出现天气恶劣等情况时不允许开盘工作。

④对沥青混合料的施工温度进行严格的调控。

⑤间歇式拌和机每盘的生产周期不应该少于 45s，对于改性沥青拌和应适度增加拌和时间。

⑥对于过度加热，也就是当沥青混合料出厂温度超过 190℃时，该料应该被废弃；拌和的沥青混合料应该均匀，没有结块的出现或者是细粗料分离的现象，达不到标准的不允许被使用，应该做出及时调整。

⑦对燃油、沥青、矿料等做好储量调查，在当天使用时，观察是否适合该工程的规定指标。

⑧对拌和机零件、油路、仪表等仪器进行检查维护，并且对操作室进行清洁，在每天工作结束之前按时、完整地做好设备的运转记录。

5. 对于混合料的运输

①在工程实施前对拌和机零件、油路、仪表等仪器进行设备检查维护，并对操作室进行清洁，按时、完整地做好设备的运转记录。

②对运货车辆要清理干净，并且要在车箱底部以及侧面涂隔离油，涂液不能积聚在车箱底部。在装料的时候要将汽车前后移动，降低混合料的损失。

③在运输沥青混合料时，车身务必进行覆盖，采取防尘、防雨、防污染等措施。

④运输车辆在摊铺机前 30cm 处停放，不能撞击摊铺机，并且要有专门人员进行指挥。下料途中运输汽车挂空挡，靠摊铺机缓慢前进。

6. 混合料的摊铺

①下承层准备：在摊铺前对下承层面进行适当的清洁，将表面其他的杂物、浮尘清理出去。重复检查施工图纸，确保摊铺宽度满足要求，中线位置不能有偏。观察下承层整齐度、高程，不符合要求的地方要及时处理。在摊铺上面层时，把下面层污染的其他物质清除干净，都需要洒上粘层油，之后才能施工。

②使用福格勒摊铺机半路幅整幅摊铺，沥青在石头上基层使用双导线控制标高、平整性。其他沥青在下面层、上面层摊铺均通过调整非接触式红外线激光，使厚度和平整度符合标准。

③适当调整拌和设备的拌和能力和运输车的运料能力，确保摊铺机摊铺速度适当。摊铺流程中不能随便变换速度。如果因为故障而停机造成混合料不符合碾压温度标准时要弄成平接缝。

④摊铺机履带前的道路一定要有专门人员负责清洁，确保摊铺机安全前进。

⑤摊铺机时使用时不可以使混合料顺着料斗的两边堆积，任何冷却不能达到标准温度以下的混合料都应该被舍弃。

⑥摊铺机的操作员工应该要注意三点，分别是螺旋输料器尾端供料状况、整体转向状况和倾向指示变动状况。这三个点中只要有一点出现不好状况，就一定要赶紧解决。此外要有专门人员管理螺旋输料器尾端混合料的分离情况。

7. 混合料的压实及成型

①要派专门人员负责碾压，并且要对压路机操作者进行技术指导。

②沥青混合料的碾压方法是：刚开始压路要用钢轮压路机静压 2 遍左右，复压要使用胶轮压路机软压，速度为 3.0~4.0km/h 或者，钢轮压路机振动硬压，速度为 4.5~5.5km/h；第二次碾压也可以使用以上机械复合碾压，碾压遍数为 5~6 遍，在第二次碾压过程中要及时用四米直尺检测碾压的平整性，出现有平整度不符合标准的，要马上处置；最后，碾压要使用钢轮压路机静压 2~3 遍，速度为 2.5~3.5km/h。除了上述方法以外，还需要配备 2~3 名工人，采用人工手扶小型振动压路机压路和人工用热夯等方式进行辅助，以此来处理边边角角。详细的碾压仪器组合和碾压方法以试验路段确定的方案为标准。

8. 横接缝的处理

横接缝应使用下列方法进行处理：

①每天摊铺结束后或者由于超过标准时间需要做横向接缝时，对已经压实完成的沥青混合料，用 3~5 米工程标尺进行检验，要是有厚度不足或者不平整的部分要全部清除，一直找到合适的平接茬为止，完成一个和摊铺方向一直成直角的横向接缝。确保接缝连接平稳，不准产生明显的接缝分离。接茬可使用毛茬。

②摊铺机启动前，要在两茬上预热至 100℃左右以上。

③开始摊铺的首车料，使用刚运到工地的最后一车，这车料就是温度最高的一车。

④摊铺机启动时速度要慢，并且要及时检查它厚度改变情况。

⑤碾压接缝时，用一台钢轮压路机进行横向碾压，首先从凉茬开始，每次向热茬方向移动 30cm 左右，直至压路机完全在新铺层后再改成纵向碾压。振压过程中，用

2~6米直尺调整平整度，有不合格部分（超1mm的部位）要使用重型压路机使其平整。

9.开放交通

压实结束后，等待沥青混凝土完全冷却，混合料表面温度低于50℃后，就可以通车了。如需提前开放交通，可以洒水冷却降低混合料温度，这样就可以提前通车了。

铺筑好的沥青层应该保持干净，不能造成污染破坏，不允许在沥青层堆放施工杂物，不允许在已经铺完的沥青层上制作水泥砂浆等其他施工材料。

（三）施工现场管理质量控制

（1）设立专业的管理机构和完善质量保证体系

依据工程需要，寻找有经验的技术人员入驻施工现场监工，合理配置工程仪器，提高对作业区、作业人员的管理，保证管理机构稳定运营。

（2）实行分级管理的质量责任制

按照工程质量责任人终身追究的原则，确立项目经理、项目副经理、总工程师、现场负责人、工程技术负责人，以及工程生产部门、材料部、设备部等部门的质量责任制，设立各工程质量责任人。

（3）人员素养培训制度。使用不同方式，如专题培训、技术交底会、演示等，提升施工人员的专业素养，掌握高级公路施工的新技术、新观念。

（4）明确"三工检查"和"三自管理"制度。在施工中要自纠、自检和自控，通过提升自我工作质量来确保工程质量，通过自查、自纠将质量的安全隐患扑灭在初始状态。规定好纠错预防措施，把"三工检查"实施好。

（5）实施项目风险准备金制度，并且把工程质量状况与工资、奖金进行关联。经理部门以上实施风险准备金制度，以下实施工程质量奖罚责任制，把质量管理目标详细化，责任到人，按项目和工程顺序落实到位，与每个人的工资相关联。

（6）实行工程质量一票否决制。当工程进度和质量发生冲突时，要务必先工程质量后工程进度。当发生工程质量问题时，扣发负责人当月奖金并索赔损失。

（四）施工困难处和现有的问题

1.水稳基层施工离析

为了达到当前重载交通的需要，可将级配碎石底基层设计为骨架密实型混合料。这种结构粗集料占60%左右，抗嵌挤能力较强，但作业中容易发生分离。分离容易产生基层表面不充实或者松散，也会影响平整性标准，降低了结构层的整体指标。导致分离产生的原因分析：

（1）集料不符合标准

因为集料生产过程中受到了原材料质量、堆放方法、加工商经营理念等因素的制约，生产出的集料不符合标准。

（2）级配调整不完善

依据理论来讲，试验路段成功完结，表明生产配合比的最终确认，然而为了克服集料多样性和拌和机的缺点可能致使混合料分离。

（3）含水量的控制不完善

含水量较低，不仅仅影响压实度，也表现在施工分离。过低的含水量，降低了细集料与粗集料之间的黏合性，与此同时也减少了碾压流程中粗细集料之间的黏合性。在碾压时，压实机械的振动力损坏了粗细集料之间的黏合力，细集料从粗集料表面脱离，保留在基层表面的仅仅是粗集料。

（4）拌和不规范

装载机上料时不符合规范，或者上料时上错料仓；拌和机的操作员工态度不认真、不端正，不能及时发现料仓缺料的情况，拌和时用水过多或过少。以上这些情况都可能直接造成级配混乱。

（5）混合料装车不规范

运输车辆的单载荷容易造成料堆周边大料散落，导致离析。

（6）摊铺不规范

运料车碰撞摊铺机，摊铺机速度不稳定、中途停顿，摊铺过程中出现料斗经常性收斗，或者用完料斗里的混合料等情况，导致人为离析。

2.路面平整度差

较差的平整度容易导致局部跳车等现象，不利于行车安全。应将平整度作为关键的控制指标。

平整度差的表现和原因剖析：

（1）下部结构层平整度差导致上层平整度差。

（2）摊铺的方式和方法不规范，导致各结构层的虚实度不一样，进一步影响上部结构层的平整度。

（3）摊铺之前，不能够对下承层进行彻底清理。

（4）施工接缝明显，且不平整。

控制办法：

（1）严格按照设计和规范要求施工，同时提高有关控制标准。

（2）严格控制混合料级配，降低各个环节中的混合料离析现象。

（3）控制好摊铺、碾压等环节。

（4）摊铺前做好下承层的清理。

（5）处理好施工接缝。

3. 桥头的顺接及压实

由于路基的沉降和涵洞结构高度的差异，将各结构层与桥头顺接至关重要。它不仅保证了桥头的线形，而且为控制桥头沥青层平整性提供了条件。

（1）构造物的调查

①外观线形调查。由于路基建设单位浇筑搭板时操作不达标，容易导致搭板表面平整度较差，纵坡、横坡不统一，搭板与桥面错台等现象。

②标高调查。施工时不能严格控制构造物上层标高，导致相对高差大。

（2）解决措施

在确保桥面结构层厚度的基础上，借助 30~100m 渐变段进行拉坡，从而对桥头路槽标高、底基层以及基层的厚度进行控制，以弥补施工高度的缺陷。在对中面层进行施工时，在有必要的情况下，可以对整座桥梁全桥进行拉坡处理。

4. 水稳基层产生早期裂缝

水泥稳定砾石地基，属半刚性地基。在施工初期，由于施工工艺不符合规范或者材料使用不达标等，造成非荷载型裂缝，主要体现为横向裂缝和纵向裂缝。

（1）横向裂缝

这种类型的裂缝基本上垂直于道路中心线，宽度不一，一些长缝贯穿整个道路，一些部分开裂。

原因：

①施工过程中接缝不紧密，导致结合不良。

②半刚性地基由于水泥的用量、施工的质量等导致的路面收缩裂缝，可以表现为横向裂缝。

控制措施：

①根据规范对横向接缝进行碾压，确保新的基层与原铺基层间结合紧密，必要时

强化两层之间的水泥泥浆。

②水泥用量应符合设计和施工要求。水泥用量不宜过高，应混合均匀。

③严格控制粉料含量和塑性指数，小于 0.075mm 颗粒含量不得超标。

④基层施工，要使混合料在接近最佳含水量情况下压实，碾压完成要强化养护，并应尽快安排下一结构层的施工，以避免基层长期暴露。

裂缝发生时，要第一时间处理，以避免水等有害物质的侵入；针对细裂缝，可用乳化沥青来处理；针对大于 5 毫米的粗裂缝，可采用改性沥青处理。

（2）纵向裂缝

这种裂缝与路径基本平行，其长度和宽度各不相同。

原因：

①路基填筑材料不达标、路基吸水膨胀等原因。

②路基纵向加宽段没有按照有关规范施工，或压实过程不达标。

③路基地基处理不规范，或者路基边缘压实不到位导致滑坡。

处理措施：

严格控制操作规范。一旦发生纵向裂缝，应观测这段路面的沉降，沉降稳定之后，可以通过开挖回填、路面注浆等方式处理。

第四章　桥梁工程施工建设

一、一般规定

（一）做好施工前的准备工作和施工中的技术管理工作，严格执行相关技术规范和有关操作规程的规定，保证工程质量。

（二）每道施工工序应严格实行检验制度，每道工序应经检验合格、资料签证完整后，方能进入下道施工工序。

（三）应积极推广使用经过鉴定的新技术、新工艺、新材料、新设备。

（四）应节约用地，少占用农田，并按国家有关规定，防止环境污染和环境破坏。

（五）应充分考虑施工过程对陆上和水上交通的影响，特别是应保证主航道和陆上主要交通干线不得中断。跨越公路和河道，应事先与交警、路政、海事、港监、航道、水务等有关部门沟通，按照规定设置相关设施，办理有关手续后方能施工。

（六）建立安全生产管理制度，成立现场安全监督、检查小组，针对各工序特点，进行安全交底，坚持每天班前会制，对易发生的安全事故进行提醒、警告。

（七）桥梁工程交工前，应及时对临时辅助设施、临时用地和弃土等进行处理，做到工完料清、场清。

二、技术准备

（一）在开工前，应组织经验丰富的技术人员进行审图和现场核对（特别注意坐标、高程的复核），对设计中存在的问题及对设计的建议，及时上报，并接受设计单位的设计技术交底。

（二）承包人接桩后应在 14 天内完成导线点、水准点复测和加密工作，加密点应设置在通视性好、地质坚硬的地点。加密点一般采用上口为 10cm×10cm、下口为 30cm×30cm、高 60cm 的棱台，埋设前应对开挖坑进行必要的夯实，加密点一般高出原地面 3cm 左右；设置加密点时应为大型桥梁设置专门的控制网；重要的水准点、导线点用围栏保护，围栏面积 2m² 左右。加密、复测完成后及时将测量成果上报监理工程师。

（三）承包人在签订合同协议书后的一个月内，应完成施工组织设计编制，然后上报监理工程师。其内容应包括：

1. 施工组织管理，工期进度计划。

2. 详细施工方法、顺序、时间。

3. 材料、设备、人员进场计划、资源的安排。

4. 资金流动计划。

5. 项目管理组织设置及人员分工。

6. 施工安排和施工方法、施工工艺总说明。

7. 质量控制方法和手段。

8. 针对性的质量通病分析、防治措施制订、责任划分。

9. 重点工程施工措施。

10. 安全体系与安全保证措施。

11. 廉政建设、文明施工与环境保护等。

（四）分部或分项工程开工前 14 天应向监理工程师提交开工报告，其内容包括：施工段落与工程名称、现场负责人名单、施工组织和劳动力安排、材料供应、机械进场、材料试验及质量检查手段、水电供应、临时工程的修建、施工方案、进度计划及其他需要说明的事项等。需要进行应力、承载力验算的，应附第三方验算报告。

（五）每个桥梁分项工程开工后，第一个重要的成品或半成品（如第一根桩基、第一根墩柱、第一片梁等）实行首件工程认可制。首件工程在分项工程开工申请批复后才可开展施工。首件工程完工后，由总监组织召开首件工程总结会，施工单位对完成的首件工程项目的施工工艺进行总结和完善，并对质量进行综合评定，提出自评意见，专业监理工程师提出复评意见，总监理工程师提出终评意见，并经项目现场管理机构确认。

（六）根据施工内容分类编制专项技术交底和安全交底，下发到项目部各科室及施工处和施工班组，并组织培训、学习，交底内容必须有针对性，特别应宣讲在首件工程认可过程中得到监理确认的施工工艺及要求，保证一线工人可以顺利地贯彻执行。

（七）冬期施工前编制冬期施工方案，进入冬期后安排专人收听天气预报，测量室外温度。采用加热棚对结构进行加热时，在检测温度的同时还要检测棚内的湿度；采用蒸汽养护时，应注意控制温度的升温和降温的速度，以及最高温度，一般情况下混凝土在浇筑完成后静置 2~8h（根据外界温度确定）开始升温，升温速度控制在10~25℃/h，最高温度不超过 80℃，降温速度控制在 20~30℃/h，确定蒸汽养护方案后应先进行试验；采用蓄热法养护时，应根据环境条件和保温措施进行试验，确定保温措施的有效性。

（八）应高度重视桥位、桩位的精确放样。测量的内外作业必须严格执行闭合制、复核及验算制。重要部位的放样宜采取不同的方法或测量路线测放，以确保正确。

三、机具准备

（一）工程所使用的锅炉、压力容器、电梯、起重机械、场（厂）内专用机动车辆必须经特种设备检验检测机构检验检测，并在取得合格证有效期内使用；气瓶应有安全条码。施工中应在设备的显著位置悬挂施工铭牌，内容主要包括设备编号、型号、工作段落、工程技术指标等内容。

（二）现场各类机械设备停放位置应合理规划、分区布置、摆放整齐。应保证设备安全可靠，运转正常，严禁设备带病作业。施工单位应定期对施工机械（具）设备进行检查维修和保养清洗。

（三）进入施工现场的所有机械、设备、支架、桁架等的外观应整洁、油漆齐全，禁止"锈迹斑斑，油漆剥落"的设备进入施工现场。

四、材料准备

（一）承包人进场后应根据设计图纸、技术规范、招标文件开出大型材料采购单，标明材料名称、数量、规格型号、质量要求。

（二）承包人应及时建立工程材料管理台账，记录材料的生产厂家、出厂日期、进场日期、数量、规格、批号及使用部位，还应记录送检日期、代表数量、检测单位、检测结果、报告日期以及不合格材料的处理情况等内容。

（三）特殊结构模板工程，应进行专门设计、验算，现浇桥梁模板的支撑系统也应进行设计、计算，并随施工方案一起上报监理工程师审批。

（四）钢筋、水泥、钢绞线、桥梁伸缩缝、橡胶支座、锚具等主要材料应在通过交通工程建设局资格审查的材料供货单位范围内进行采购。

（五）混凝土配合比设计时应根据目标强度等级选用砂石料、添加剂和水泥，多做几组试验进行比较；除满足混凝土强度和弹性模量要求外，还要确保混凝土拥有良好的施工和易性和外观质量，应选用施工性能良好、表面光洁、颜色均匀的试验结构对应的配合比作为施工配合比。

（六）工程需要的梅花形高强垫块可以外购或在预制场统一加工，专人精心制作，采用小石子混凝土或高强砂浆制作，洒水保湿养生，强度达到要求后供应全线使用。

（七）冬期施工时，控制二次浇筑的混凝土与既有混凝土的温差，必要时对既有混凝土结构进行加热，避免出现过大的温度内应力。

五、作业条件

（一）桥梁施工现场，应统一规划、合理布局，并绘制桥梁分段（孔）平面布置图。

（二）桥梁工程开工前，应完成"三通一平"，做好场地平整、施工便道贯通、施工便桥搭建、临时用电（用水）等工作。

（三）按照"混凝土集中拌和、构件集中预制、钢筋集中加工"的原则，重点做好拌和站、预制场、钢筋加工场的建设工作。

（四）对施工作业人员的要求如下：

1. 施工作业人员数量、技能应符合施工组织设计或方案要求。各班组施工人员应有熟练工人作为骨干，所有一线施工人员应经过技术培训，熟悉本人承担工作的技术要求和操作要点。

2. 特种工人（起重工、操作手、电焊工、架子工、潜水员等）应接受操作及安全培训，持证上岗。

3. 进入施工现场的人员应佩戴安全帽和上岗证，现场管理人员和作业人员的安全帽应加以区分，现场人员劳动保护用品应穿戴齐全。安全监察人员应佩戴袖标（牌）。

（五）应在施工现场的醒目位置布置统一制作的"五牌一图"，即工程概况牌、管理人员名单及监督电话牌、消防保卫牌、安全生产牌、文明施工牌和施工现场平面图。

各类标示牌、警示牌应齐全。

（六）桥梁工程施工现场宜采用封闭式管理，现场出入口应悬挂"施工重地，闲人免进"的禁止标志。

第二节 桥梁上部主体工程

一、现浇预应力混凝土连续箱梁

现浇箱梁可采用碗扣式脚手架做满堂支架，在交通路口采用I40工字钢搭设通道，底模采用大块竹胶板，侧模采用特制定型钢模板。混凝土采用商品混凝土，用混凝土搅拌运输车运输，用混凝土泵车泵送入模。

（一）地基处理

根据现场情况，现浇箱梁施工段地基处理主要分以下几种方式：

1. 全部位于道路路面，直接支撑支架，仅对基坑回填的部分进行处理。基坑回填采用灰土分层夯实。

2. 部分位于道路路面上，不在路面上的部分采用40cm、8%的石灰土硬化，其上浇筑15cm素混凝土，以保证与路面部分承载力相近。

（二）支架和模板设计

1. 普通地段

满堂支架采用碗扣式脚手架，支架立杆按90cm×90cm的间距进行布设，横杆间距为120cm，在箱梁横梁、腹板位置立杆间距加密为60cm。在翼缘板下立杆间距可调整为120cm。具体到不同的梁型时必须进行承载力检算后，确定符合承载力要求的支架搭设方案，并对地基承载力进行严格的验算。支架的设计要保证支架跨中最大挠度不大于支架跨度的1/800或控制在10mm以内，包括非弹性变化在内。

根据需搭设支架的高度，合理安排适当型号的支架进行搭设。满堂支架下均设横向的扫地杆，支架纵横向通体打剪刀撑，使支架形成一个整体，有较好的整体性。支架竖杆节点在同一截面内不超过50%。支架搭设完毕，要求标高、坡度、轴线基本形成，使底模能顺利铺设。支架顶设置垫木作为横向分配梁，垫木尺寸一般为 $10cm \times 10cm$，根据纵坡要求，调整垫木高度尺寸，保证其平整度，垫木间距30cm，其上铺设竹胶板作为底模。箱梁模板底模采用16mm厚的复合竹胶板，内模采用木模或竹胶板，外侧模采用整体钢模板。侧模及翼板采用竹胶板。碗支架垫木组合支撑体系，模板体系搁置在支架体系上。内、外模板具有足够的强度、刚度和稳定性，保证梁各部形状几何尺寸。

支架搭设完毕后做一联整体超载25%（梁体自重＋模板、支架重＋施工荷载）的预压试验，准确测量记录支架的弹性和非弹性变形，以及地基的沉降量。在立底模时采取相应的预留沉降量措施。预留沉降量按实测的预压沉降量设置，混凝土浇筑后的支架下沉量应控制在设计范围内，并设置相同的预留沉降量。

雨季时在箱梁投影范围外做截水沟，将水及时排出，确保箱梁支架范围不积水。

2. 预留通道

工程需预留通道处有多处，对于处于两联箱梁相邻处的路口，优先采用改道和调整施工顺序相结合的施工方案。对于无法进行改道施工的，通道跨度小于6米的采用支架上搭设工字钢；跨越交叉路口处，采用65式军用墩作支墩，I40工字钢作纵横梁，净空满足公路限界要求，其上及两端满铺脚手架施工。支墩采用65式军用墩，净间距一般在5m左右，纵横梁采用I40工字钢。

个别地段或者路口由于施工受场地限制，工字钢支墩的形式采用密布脚手架的施工方案，支墩处基础进行特殊处理：将原硬路面清理整平，原地面现浇混凝土块作为支架基础，立65式军用墩；当采用脚手架作为支墩时，可直接在整平、夯实的地面上铺方木作为基础。

3. 支撑架施工操作要点

表4-1 支撑架安装要点

项目	注意要点		
根据设计制作安装	支撑架应根据设计安装，对支撑架应进行强度和稳定性验算		
预沉量的设置	分项内容		参考数据
	接头承压非弹性变形	木与木	每个接头的顺纹2mm，横纹3mm
		木与钢	每个接头2mm
支撑架搭设前的检验	1.支撑架拼装到3~4层时应检查每根立杆下托是否浮放松动，否则旋紧下托。2.沿支撑架四周（每4排）和在每层横杆上采用扣件式脚手设剪刀撑，其夹角为45°		
支撑架搭设后的检查	支撑架搭设完毕后，应对其平面位置、顶部标高节点联系及纵横向稳定性进行全面检查，符合要求后，方可进行下一步施工		

（三）连续箱梁模板设计和支架预压

箱梁模板底模、采用竹胶板，内侧模采用木模，外侧模采用竹胶板。箱梁底模采用 16mm 厚的复合竹胶板，侧模及翼板采用定型钢模板。钢管支架垫木组合支撑体系，模板体系搁置在支架体系上。内模采用竹胶板，内、外模板具有足够的强度、刚度和稳定性，保证梁各部几何尺寸。支架上铺设垫木，横向间隔距为 30cm，并配合木楔调整标高和为落架做准备。垫木铺完后，开始底模的铺设。要求底模拼装严密，相邻模板无高差，侧模与底模连接处，将一方木连接在侧模的底部法兰上，作为底模的竹胶板用钉子固定在此方木上，保证二者拼缝的平整度。

复测模板标高和轴线，然后按设计要求，对支架进行超荷载预压，加载值为实际荷载的 125%，荷载分布、加载速度按照图纸尺寸和实际混凝土浇筑速度施工。预压前，在底模、底层支架、方木上设置观测点，准确测量标高并标识；加载完成后，在 1h、2h、4h、12h、24h 观测，以后每隔 4h 观测一次，直至数值稳定为止。沉降量控制在设计允许范围内，经监理工程师同意后才能卸载，准确测量出支架的弹性、非弹性变形及地基的沉降量，并以此为依据对箱梁底模调整（考虑预留度）。然后进行侧模的安装，拼装模板接头平顺，缝隙嵌胶条，表面可用腻子刮平、打光，确保混凝土浇筑时不会发生变形、跑模和漏浆等，线形美观，位置准确，钢筋混凝土光洁。然后进行底板钢筋绑扎，安装预应力管道、锚垫板，组拼内模。腹板内模采用钢模板，顶板底模采用一次性纤维板或组合钢模板。内模采用钢内框架支撑，架立在支架体系上，内框架间距 1.2m。底、腹板混凝土达到一定强度后拆除内模，铺顶板底模。连续箱梁底侧、翼、内模一次完成，顶板预留进入洞，达到一定强度后拆除。

模板的拆除：拆模时间按规范执行，非承重模板，在混凝土强度能保证其表面及棱角不致因拆模而受损时拆除；箱梁底模在预应力张拉压浆后强度达 80% 以上时拆除。

（四）支座安装

在底模施工同时进行支座安装。安装时特别要注意以下几点：

1. 安装前注意将支座全面检查并对各相对滑移面和其他部分用酒精擦拭干净。

2. 上下支座安装：采用上、下座板临时固定，整体吊装，固定在设计位置，支座与梁体及墩柱联结方式由设计确定。

3. 安装支座的垫石标高应符合设计要求，平面纵横两个方向应水平，支座承压 ≤ 5000kN 时，其四周高差不得大于 1mm，支座承压 > 5000kN 时，不得大于 2mm。

4.支座中线与主梁中线重合，其最大水平位置偏差不得大于 2mm。

5.安装支座时，其上下各个部件纵横轴线必须对正。当安装温度与设计不同时，活动支座上下相错距离必须与计算值相等。

（五）钢筋施工和预应力筋安装

箱梁梁体含筋量较高，钢筋的数量、规格及半成品钢筋构件类型也较多，所以在钢筋制作绑扎时必须严格按设计进行。

钢筋骨架采用预制场制作，现场安装。钢筋在桥面的堆放应均匀分散。钢筋绑扎时应严格按照图纸要求进行绑扎，数量、位置准确，焊接部位搭接长度和焊缝均要满足要求。

钢筋绑扎时要按确定的绑扎程序进行，预应力连续箱梁按设计位置设置波纹管定位框，每 50cm 一道，曲线适当加密，预埋锚垫板与波纹管孔道垂直。预应力筋下料前需对各型号的长度进行准确计算后方可下料。预应力筋安装采用人工、机械相配合的方法，在预应力筋的端部设置圆套以减少对波纹管的损坏。预应力筋安装完成后，调整波纹管位置，准确固定。底、腹板钢筋及预应力安装完成后，安装内模，调整标高。最后绑扎顶板及翼缘板钢筋，准确安装各种预埋件。

（六）混凝土浇筑

视箱梁作业张拉空间大小，混凝土浇筑采用一次性浇筑和在指定位置预留 2m 宽后浇湿接头两种形式。混凝土采用一次性浇筑时，先浇中间正弯矩段，后浇筑负弯矩段，先浇筑底板部分腹板，再浇筑剩余腹板顶板，混凝土达到设计强度时张拉。采用预留 2m 宽后浇湿接头时，在湿接头位置张拉两侧预应力钢束，部分钢束锚于湿接头面，同时两侧部分钢束穿过湿接头锚于设置在腹板内侧的锚块上，后浇混凝土采用微膨胀性混凝土。在混凝土浇筑过程中，应有专业测量人员观测支架及模板的变位情况，发现异常应及时采取措施，确保施工质量及安全。

混凝土采用泵送混凝土，坍落度控制在 16cm 左右，并掺加高效缓凝泵送剂，混凝土初凝不少于 10h，3 天强度达到设计的 85%，7 天达到 100%。混凝土浇筑时要对称分层进行，明确振捣工艺，一般按由低到高的顺序。在振捣时，配备足够的振捣工，并须有专人监振，杜绝漏振或少振，确保密实。对支座位置、锚具及钢筋较密处应加强振捣，振捣时应注意保护波纹管，同时严格控制混凝土的水灰比。

混凝土浇捣时需安排专人对模板进行检查，一旦模板发生变形或位移时能及时处理。顶板混凝土浇捣后需进行两度收光及拉毛，使表面有足够的粗糙度，以防止产生收缩裂缝。混凝土浇筑时，保证各预埋件的准确位置。

混凝土浇捣完毕及时进行覆盖养护。

（七）混凝土养护

箱梁养护采用麻袋片覆盖养护，养护 7 天。

（八）预应力施工

当混凝土强度和相关数值达到设计规定时，即进行预应力的施工。

1. 张拉机具

根据预应力筋的所处位置不同以及要求的张拉吨位选择与之相匹配的张拉千斤顶；张拉纵向钢绞线用 YCW200 型千斤顶，油泵采用与之配套的 ZB4-500 型油泵，工作油表采用 1.5 级，最大量程为 100MPa。

2. 钢绞线制作和安装

预应力钢绞线应符合招标文件及有关规范的要求，钢绞线用吊车吊入松线架内稳固好，上面用雨棚遮盖，底面垫离地面 30cm，存放场地内不得积水。

预应力钢绞线在台座上根据计算下料长度用砂轮切割机切割，切割前用黑色胶布将切割部位缠紧，防止切割时"炸头"，将切好的钢绞线编束，并每隔 1.5~2.0m 用 20# 铅丝绑扎。钢绞线应随用随下料，防止因存放时间过长锈蚀。

预应力筋安装采用人工、机械相配合的方法，在预应力筋的端部设置圆套以减少对波纹管的损坏。预应力筋安装完成后，调整波纹管位置，准确固定。在各负弯矩区的顶端安装排气孔。浇筑混凝土之前将外露钢绞线和锚垫板包裹，排气孔进行有效堵塞，防止混凝土污染。

3. 预应力钢绞线的张拉

（1）张拉前的准备工作

1）待混凝土强度和相关数值达到设计规定后张拉。端头钢垫板安放时注意其端面与竖向垂直。箱梁端部预埋钢板与锚具和垫板接触处的焊渣、毛刺、混凝土残渣等要清理干净。

2）标定千斤顶油表读数，依据设计张拉力吨位，到有资质的试验压力机上标定，施工过程中定期校验，依据标定的曲线计算各张拉力对应的油表读数作为张拉力控制依据。

3）计算张拉力及预应力损失

张拉控制应力（δk）、预应力损失、锚口摩阻损失在施工时测定或由设计确定，由于钢绞线是高强低松弛型，采用夹片式等具有自锚性能的锚具，所以施工中不需要采用超张拉，以免钢绞线张拉力过大。张拉采取双控，用张拉吨位对应的油表读数进行主控，以钢束伸长量进行校核。

（2）张拉的操作步骤

四人配备一套张拉千斤顶，张拉人员持证上岗。一人负责油泵，两人负责千斤顶，一人观测并记录读数，张拉按设计要求的顺序进行，并保证对称张拉。

1）安装锚具。将锚具套在钢绞线上，分布均匀，防止钢绞线扭结。

2）将清洗过的夹片，按顺序依次嵌入锚孔钢绞线周围，夹片嵌入后，人工用手锤轻轻敲击，使其夹紧预应力钢绞线，夹片外露长度要整齐一致，并标下夹片尾部钢绞线的初始位置标记；然后套入限位板，使其与夹片端部垂直接触。

3）安装千斤顶。将千斤顶套入钢绞线内，使其端部顶紧限位板，然后装入工具锚及夹片，进行初张拉，开动高压油泵，使千斤顶大缸进油，千斤顶活塞伸出，开始张拉钢绞线。张拉过程中调整千斤顶位置，使其对准孔道轴线，当油表读数达到标定初应力张拉吨位（10%δk）的数值时，记下千斤顶活塞伸长读数和油表读数。

4）初始张拉后，继续张拉，到达20%张拉应力时，记下千斤顶活塞伸长读数。两者读数差即为钢绞线初张拉的理论伸长量 ΔL_2。

5）继续张拉至钢丝束的控制应力（δk）时，持荷2min然后记下此时千斤顶活塞伸长值读数。计算出 ΔL_1，最后计算出钢丝束的实测伸长量 $\Delta L = \Delta L_1 + \Delta L_2$，并与理论值比较，如果超过 $\pm 6\%$，应停止张拉并分析原因，采取相应措施调整后再继续张拉。

6）使张拉油缸缓慢回油，夹片将自动锚固钢绞线，如果发生断丝滑丝超过规范允许范围，则应进行换束，重新张拉。

7）张拉油表慢慢回油，关闭油泵，拆除工具锚、千斤顶及限位板。

（3）张拉时的注意事项

1）严格按照操作规程进行张拉，严禁违章作业。

2）张拉时千斤顶前后应严禁站人，防止发生安全事故。

3）千斤顶后方安放防护墙，防止钢绞线及夹片飞出伤人。

4）千斤顶安装完毕，安全员检查合格后方可张拉。

（九）灌浆、封锚

选用 HP-13 型灰浆泵（最大工作压力为 1.8MPa，垂直输送距离为 150m，输送量 3m 3/h），配以 HJ200 型灰浆拌和机。贮桶可以自制，但要配有低速搅拌设备。

张拉完成后，孔道应尽早压浆，防止钢绞线在预应力状态下与空气长时间接触，以防被空气中的水汽锈蚀。所以张拉后，应立即着手准备孔道压浆。首先用无齿锯切割掉张拉时用于工作的那部分钢绞线，切割时剩下的长度不宜过短，防止夹片滑脱，也不宜过长，增加封锚的难度，一般以 3~5cm 为宜。而后用玻璃胶掺水泥和好后，连同钢绞线的端部一同包住，待玻璃胶凝固后即可压浆。灌浆前，首先检测管道的通畅性，将各排气孔疏通，确保管道通畅，方可进行灌浆。灌浆前，所用水泥必须过筛，以防止有小的凝固块堵塞管道，水泥浆搅拌装置必须彻底清除干净。水泥浆搅拌时应适当增加搅拌时间，以保证水泥浆已搅拌均匀。压浆时，为防止压浆完成后水泥浆泌水，致使孔道内水泥浆不饱满，可以适当添加外加剂，降低水泥浆的泌水率。压浆前应将压浆孔道冲洗干净，而后用空气将积水冲出。准备工作就绪后，即可进行压浆，压浆采用活塞式压浆泵。控制压浆的最大压力在 0.5~0.7MPa，如果压浆时发现压力表数据急速上升，应立即停止压浆，此时说明压浆通道被堵，应逐节检查，通道畅通后，再进行压浆，直到各排气孔、孔道另一端冒出稠度适宜的水泥浆后，将出浆口关闭，保持压力（0.5MPa 为宜）2min。此孔道灌浆完成，及时将箱梁顶面和端部的水泥浆用清水清理干净。压浆过程中及压浆后48h内，混凝土的温度不低于5℃。温度太高时，应改为夜间压浆。压浆时，每一工作班应留取不小于 3 组的立方体试件。作为评定水泥浆质量的依据。灌浆完成后，待水泥浆达到一定强度后，除去锚具上的玻璃胶并将锚具冲洗干净。对梁端混凝土凿毛，设置钢筋网，而后浇筑封锚混凝土。

二、连续钢箱梁

（一）钢箱梁吊装

1.现场测量和画线

先根据施工图纸与土建单位对现场进行测量，确定现场实际尺寸与设计尺寸的误差，协商调整后划好道路中心线、道路边线、钢箱梁接口位置线、标高线等，画线需提交监理检验，并做好永久性标记。吊装前必须做好一切准备工作，包括在各个桥墩处中间搭好临时支墩、脚手架和工作平台，对现场尺寸进行测量和画线，保护好支座，以及接好照明、电焊、氧气乙炔等设施。

2.吊装

（1）钢构件在装卸、运输和堆放过程中应保持完好，防止损坏和变形。

（2）卸车、安装时吊车臂起落要平稳、低速，禁止忽快忽慢或突然制动，避免因碰撞而引起钢结构变形。

（3）构件应按安装顺序分类存放，须搁置在垫木上，构件与地面保持100mm以上的净空。

（4）构件支点应设在自身重力作用下构件不致产生变形处。

（5）构件间应留有适当空隙，以便起吊操作及检查。

（二）钢箱梁工地焊接工艺

工程可采用Q345qd钢板，为此采用相应的焊接材料及焊接工艺。

1.焊接材料及辅助材料

（1）手工焊接的焊条，应采用符合国标GB/T5117—95要求的低碳钢及低合金钢焊条。

（2）二氧化碳气体保护焊，应采用符合国标GB10045－2001的焊丝，本工程拟采用焊丝为TWE－711。

（3）施工现场制订严格的焊接材料保存、领用、烘干、存放制度。

（4）在组装前，焊接坡口须提交质量部检查合格后，方允许焊接。未经检验同意的焊缝不准进行焊接。

2.焊接工艺

（1）焊接前，所有焊接件的焊缝端面及两侧、焊接坡口切割面、焊接钢材表面，在规定范围内的氧化皮、铁锈、水分、油漆等妨碍焊接的杂质均应打磨清除干净，要求露出金属光泽。

（2）焊接区域清理范围为焊接区域及两侧30~50mm范围。

（3）经装配、清理后的焊缝未能及时焊接，并因气候和其他原因使焊缝区域重新生锈或又附有水分、铁锈时，在焊接前应重新清理焊缝区。

（4）露天施工必须设置防止风、雨侵袭的措施，如挡板、雨棚等。

（5）焊接施工时，应按图纸要求进行施工。

（6）焊接施工中注意事项

1）引、熄弧时，一律在焊接坡口内或填角焊缝的焊脚内进行，不允许在非焊接区域的母材上引弧；自动焊在引、熄弧板上引、熄弧。自动焊时引、熄弧的焊缝长度应不小于 50mm，手工焊时应不小于 20~30mm。

2）焊接时采用短弧操作。当电弧中断，重新引弧时，应注意将断弧处的弧坑填满，在焊缝终端收弧时，应注意填满弧坑，避免产生弧坑裂纹。

3）多层多道焊时，每道焊缝都必须将所有焊渣清除干净，并检查无焊接缺陷后，方可再焊下一道焊缝。

4）熔透的对接焊缝和角焊缝，反面碳刨清根后，用砂轮打磨去除氧化层，露出金属光泽，然后再封底焊。

5）焊接结束，应把焊渣清除干净，仔细检查焊缝是否符合标准要求，对不符合技术要求的焊缝要及时修正。

3. 焊缝检验

（1）所有焊缝在焊接结束后，均应按《公路桥涵施工技术规范》进行外观检查，不得有裂纹、未熔合、夹渣、未填满弧坑和焊瘤等缺陷，并应符合图纸的要求。

（2）焊缝的无损检验要求

无损探伤按《公路桥涵施工技术规范》的规定进行。焊接完成 24h 后进行无损探伤检查。

三、普通混凝土连续箱梁

（一）箱梁施工总体流程

地基处理→箱梁模板支架安装→支架预压→调整底模标高→绑扎箱梁底筋及梁腹板筋→安装箱梁芯模→安装顶板底模→绑扎箱梁顶板筋及预埋护栏筋→浇筑箱梁底板、腹板、顶板混凝土→养护。

（二）地基处理

1. 地基处理宽度大于支架边脚每侧 0.5m 左右，对路基进行碾压后做压实度试验，如果压实度达到 93%，则停止碾压并进行下一道工序，如果达不到则继续碾压直到达到 93% 为止。

2. 在碾压好的地基上铺厚度25cm的混凝土，用压路机碾压密实，压实度95%以上，其上再铺15cm厚的15片石混凝土，保证地基承载力达到250kPa。

3. 在沙砾层上从中线向两边找1%坡。

4. 要求处理后基础顶面高出地面15cm以上。

（三）支架搭设

支架下铺10cm×15cm方木及1.5cm厚、10×10 cm钢板，用可调底拖调整底部。支撑体系采用立杆间距为90cm×90 cm的碗扣式脚手架，箱梁腹板和墩柱两侧端横梁1.5m范围内立杆间距为90cm×60cm，横杆步距为120cm。高程根据箱梁可下调底托调整。翼缘板下支架按翼缘板坡度直顶到板底，向内侧用拉杆斜拉。每5.4m一道横向剪刀撑，支架外侧设置纵向连续剪刀撑，支架顶部设置水平拉杆，顶拖上横桥方向放置10cm×15cm方木作为分配梁，分配梁上顺桥方向放置10cm×10cm方木作为底板肋，中心间距30cm，上铺1.5cm优质竹胶板作为箱梁底模，芯模采用1.2cm厚酚醛木胶板作为模板，支撑采用木排架形式。碗扣式支架搭设完成后由测量人员、质量人员进行复测，检验方木顶高程、平整度、预拱度（为抵消支架弹性变形而设置的预拱度，支架不设预拱）。施工时注意钢木结合连接件要牢靠、严密。在经监理工程师检验合格后进行箱梁模板拼装。

（四）模板安装

1. 模板必须严格控制质量。模板侧模垂直于地面，底模包侧模，底模按纵横坡度支立。模板边角无毛边，保证模板接缝拼装严密，防止漏浆。模板与方木之间用钉连接，要求模板纵向通缝，每条拼缝应与箱梁弧线平行。

2. 模板四边拼装严密，模板尺寸整体一致。

3. 大板、方木在支撑前必须刨平，保证模板支撑可靠。

（五）支架预压及预拱度设置

纵向调节预拱度的方法为：首先利用一跨堆载预压，按设计箱梁结构自重的1.5倍选用混凝土块及沙包均匀堆压在已安装调整好的底模上，测量支架和模板等共同的弹性变形量。观测排架沉降48h，其沉降量（用千分表观测）在0.5cm以内说明地基良好、承载力够；大于1.0cm或以上者说明地基承载力不够，拆除排架重新处理地基；在0.5~1.0cm之间者，再观测48h，看有无变化。增大者，拆除排架重新处理地基，无变化者，地基安全。

总的纵向预拱度为弹性变形量和设计预拱值之和。选用支架的上托调节丝杆可以均匀地调整拱度要求，经测量符合要求后方可钢筋施工及开始下道工序工作。

1.箱梁结构采用满堂支架现浇施工方法

支架可采用贝雷支架或万能杆件组合支架，或者其他施工技术可靠、成熟的支架。跨横向道路的上部结构梁的施工应确保横向道路的通行功能要求。

2.箱梁支架现场浇筑

施工之前必须保证支架有足够的刚度（在预压荷载作用下最大弹性变形小于3mm）、强度和稳定性。根据具体的地点情况，支架下设置合理的基础，并加强地基排水，必须设置纵、横向排水沟渠，防止地基集水软化造成支架下沉。

3.支架必须做静载试压，以检查支架的承载能力，测试纵梁和横梁的变形值最大加载按主梁自重的1.1倍计。要分级加载，每级持荷时间不小于30min，最后一级为1h，然后稳定时间48~72h，一般预压最后三天的稳定为不大于1mm/天，分别测定各级荷载下支架和支架梁的变形值。根据测试结果，确定支架的施工预拱高值，以消除施工中因支架变形而造成的箱梁线形和标高误差。

4.除为了消除支架非弹性、弹性变形而设置的预拱外，不额外设置预拱度。

5.在支架预压、混凝土浇筑过程中须设置观测点进行全方位观测，发现问题及时采取处理措施。

（六）钢筋绑扎

1.绑扎前对加工好的钢筋型号、直径、尺寸进行检查，合格后方可使用。

2.钢筋接头采用绑扎接头时，钢筋搭接长度不得少于35d。绑扎时要确保钢筋骨架整体外形美观、坚固，垂直度符合要求。水平钢筋尺寸间距都满足设计要求，钢筋绑扎应自下而上进行。严格按图施工，确保不丢筋、不漏筋。

3.现浇箱梁施工时，应保证其位置准确。混凝土保护层用塑料垫块予以保证。保护层垫块采用白色高强塑料垫块，施工时采用梅花形布置，间距0.8~1.0m。以保证现浇箱梁的外观质量和保护层厚度。

4.现浇箱梁弯起筋应位置准确，绑扎直顺，间距严格按照图纸控制。

5.钢筋绑扎时，注意现浇箱梁中的预埋设施，位置应准确无误，特别是伸缩缝位置的预留筋要严格按图纸要求预埋。

6.在钢筋绑扎前，应先将钢筋骨架位置提前在模板上弹出墨线，定位准确，严格按线施工，同时在主筋上画线控制钢筋间距。

7.主筋成形后焊接波纹管定位筋，曲线段纵向50cm一道，直线段纵向100cm一道。检查波纹管位置无误后，将波纹管与定位筋用铅丝绑扎或用卡子固定好。

8.先穿的波纹管两端应封闭，防止水汽进入孔道，使预应力筋产生锈蚀。

9.螺旋筋及锚垫板必须与波纹管轴线垂直。

10.应注意排气孔和泄水孔的预留位置，并按图纸要求设置。

（七）混凝土浇筑

1.混凝土拌和及运输

混凝按监理工程师批复的混凝土土配合比拌制，到场坍落度16~18cm。混凝土搅拌站现场砂、石子、水泥等准备到位，数量充足，依照抽样频率送试验室检验，合格后使用，保证足够的原材料供应。

采用罐车运送混凝土，保证运输道路畅通。罐车在运送过程中保持2~4r/min的转速进行慢速搅动，到现场后罐车快转2min后出料，浇筑时采用混凝土输送泵泵送混凝土。

检查输送管及管接头是否严密，并预先准备常用配件；施工前对输送管用水泥浆润滑内壁。混凝土运送作业须连续进行，在间歇时也需保证泵的转动，不得停机，以防输送管堵塞。

2.混凝土浇筑前的准备工作

（1）平整施工现场，确定混凝土输送泵及罐车就位地点。根据混凝土输送泵的功率确定最佳泵送高度和距离，及时拆装输送管，确保混凝土浇筑质量。

（2）全面复查、复核模板高程及模板支架稳定性，预埋件的准确性，清扫模板上的附着物。

（3）检查插入式振动器、电闸箱等施工工具是否运转正常。

（4）试验人员准备坍落度试验仪器，测温仪器准备现场及时测试，坍落度不合要求的坚决予以退回。

（5）项目部和施工队参加浇筑的工人，责任分工明确，浇筑前进行现场动员，强调浇筑、振捣重点。对现场指挥和后勤保障做到分段、分区、责任到人，确保浇筑过程有条不紊地进行。

（6）在浇筑混凝土前要充分吹洗模板，将遗留在模板中的焊渣、锯末等杂物清除干净，必要时在箱梁低处设置排水槽，在浇筑前用清水冲洗，或采用空压机和吸尘器对箱梁模板内进行清理，否则将直接影响到混凝土的强度和外观质量。

（7）浇筑前要充分检查垫块间距和位置，保证保护层厚度均匀有效，防止出现露筋现象，确保混凝土外观质量。

（八）混凝土的养护、拆模

待混凝土初凝后用无纺布覆盖，覆盖时不得损伤、污染混凝土表面，及时洒水养护，防止混凝土表面失水过快，发生干裂。养生工作设专人施行，根据天气情况适时浇水养护，浇水要充分，保证混凝土始终处于潮湿状态，为混凝土的硬化提供足够的水分。保证混凝土结构及模板 24h 处于湿润状态，养护时间不少于 7 天。

拆模要自上而下进行，遵守先支后拆，后支先拆的原则。拆除边角部位要特别小心，防止混凝土棱角面受到碰击。拆除模板时注意过往车辆及行人安全，有社会交通的地方要求封闭拆除，两边支架挂设安全网；没有社会交通的地方，地面要有专人指挥，提醒操作人员。

第三节　桥梁下部主体工程

一、墩、台身施工

（一）测量放线

利用经纬仪测方格柱子中心线，在承台面画出主平面尺寸线，用水准仪测出各个墩柱的标高，为绑扎钢筋、架立模板做准备。

（二）钢筋焊接与绑扎

在基础施工、检测完毕后进行钢筋的焊接和绑扎，先焊墩柱钢筋，钢筋焊接接头在同一截面上受拉区不能超过 25%，受压区不能超过 50%，焊接长度双面焊不小于 5d，单面焊不小于 10d，钢筋间距允许偏差为 −20mm，焊接钢筋保证轴线一致，偏差不得大于 0.1d，且不大于 2mm。

（三）模板加工、安装及加固

墩柱模板采用大块定型钢模，由于墩柱数量较多、高度不等，采用分节定做，以利于拼装。待钢筋焊接、绑扎完毕后，即可立墩柱模板。墩柱模板在地面分节拼好，吊车现场拼装。安装模板时，先利用坐标法将立柱位置准确定位，用两台经纬仪校核模板垂直度。模板内涂抹隔离剂，模板缝填夹薄橡胶条，以防漏浆。模板加固采用底部通过承台顶预埋钢筋与木楔固定方式，顶部通过拉索拉紧方式。

台身模板采用定做大块定型钢模板，单个面积在 $1.5m^2$ 以上，以保证美观，模板加固采用内拉外顶的方法，内设拉杆和方木内撑，外用方木顶撑。模板内涂抹隔离剂，模板缝填夹薄橡胶条，以防漏浆。

（四）混凝土浇筑

混凝土用吊车或泵车输送入模，混凝土塌落度控制在 $12cm$ 左右，采用插入式振捣器振捣。浇筑时分层浇筑，每层不大于 $30cm$，浇筑一次性完成，振捣器振捣时，插入或拔出的速度要慢，以免产生空洞，振捣器垂直插入混凝土内，并要插至前一层混凝土 $5\sim10cm$，以保证新浇混凝土与先浇混凝土结合良好，振捣时应尽可能避免与模板、钢筋相接触，振捣充分，做到不漏振、欠振和过振，混凝土表面无蜂窝麻面、混凝土达到内实外美的标准。

混凝土浇筑时，自由下落超过 $2m$ 时，必须设置减速板或串筒以避免混凝土的离析。

（五）混凝土养护

墩柱养护采用塑料布包裹覆盖养护，养护不少于 14 天。

（六）质量标准

混凝土表面平整、密实、光洁、无蜂窝麻面，结构尺寸误差不得大于规范标准。

二、横梁施工

（一）支架、模板设计

根据横梁结构形式采用碗扣脚手架，步距横向 $0.6m$，纵向 $0.9m$，上铺 $10cm \times 10cm$ 方木作为横梁。纵向放置工字钢以保证底面线形。支架地基除支撑在承台内不处理外，其于均采用 15cm 素混凝土处理。

（二）钢筋施工

横梁钢筋由集中加工地集中下料，加工成半成品，运至施工现场。

为保证钢筋绑扎质量，采用一次绑扎成型工艺，即在地面上放样，将主筋焊接成型，并将箍筋绑扎完成，自检后请工程师验收，合格后用吊车将横梁钢筋吊置已提前铺设完毕的横梁底模板上。在支侧模前将定型塑料垫块绑扎在钢筋侧部，以保证混凝土保护层的厚度。

（三）模板

横梁底板采用竹胶板，侧模采用定型大面积钢模板；梁底模与梁侧模交接处贴海棉条，以防止漏浆，确保混凝土表面光洁、平整。模板的拼装与支设均使用吊车配合进行。横梁模板加固采用对拉螺栓，上下各设置一道 Φ16mm 对拉螺栓，水平间距按60cm 布置，第一道设置在横梁底部，第二道设置在横梁顶部。横梁侧模采用 16# 槽钢固定，并设置 5# 钢丝绳和紧固器找正。对于模底的支设计要引起重视，模板应具备必需的强度、刚度和稳定性及承受施工过程中产生的各种荷载的能力，以保证结构物各部形状尺寸的准确。

（四）横梁混凝土施工

横梁混凝土施工时，应从梁中间向两端对称进行浇筑，其他工艺均同墩柱的浇筑方法。

（五）拆模及混凝土养护

当混凝土强度达到 5MPa 时可拆除侧模，拆模时用吊车配合，拆模时注意边角的保护。拆除的模板应及时清理、修整、除污、涂刷隔离剂，以备重复使用。模板拆除后，应及时对混凝土进行覆盖，保持混凝土湿润状态为宜。一般养护时间为 7 天。

（六）质量标准

混凝土表面平整、密实、光洁、无蜂窝麻面，结构尺寸误差符合规范标准。混凝土强度符合设计要求。

第四节　桥面系施工

一、概述

（一）桥面铺装

现浇连续梁桥面铺装采用平均 8cm 厚钢筋混凝土铺装层（C40 混凝土）+ 防水层 +9cm 厚沥青混凝土铺装层铺装；钢箱梁桥面铺装采用 2cm 厚改性环氧树脂薄层铺装层 +4cm 厚高粘改性沥青 SMA-13 铺装。

桥面铺装施工不得使用振动碾压。

（二）伸缩缝

桥梁一联，设置一道伸缩缝。

一联长度不大于 90m 时选用 80 型号钢橡胶伸缩缝，一联长度大于 90m 时选用 120 型号模数式伸缩缝。为保证防撞护栏之间缝隙不漏雨水，对该部分缝隙处同样设置伸缩缝装置。

（三）防撞护栏

高架外侧防撞护栏采用加强型护栏，防撞等级 SS 级，高度 110cm；中央防撞隔离栏采用路用 SAM 级单坡型护栏，高度 100cm。混凝土桥梁采用混凝土护栏，钢箱梁采用钢护栏。

防撞护栏断面形式采用墙式，防撞护栏内侧按《公路交通安全设施设计细则》（JTG/T D81—2006）要求设计。防撞护栏内预留监控、照明等线路所需的管道（依据电器专业方案）。防撞护栏上按需设置防噪声屏及绿化花篮。

（四）钢箱梁涂装

钢桥的防腐主要有重防腐油漆涂装和金属热喷涂长效防腐等体系，随着技术的发展，上述体系的耐腐蚀寿命均较长。立交匝道有多处钢箱梁结构，涂装面积大、维修工作量大，宜首选耐腐蚀寿命长的方案，以降低维修费用。具体根据业主要求，通过研究选择合适的钢结构各部位防腐方案。

（五）桥面排水

桥面排水通过在桥墩处设置的雨水口（位于伸缩缝的上坡处），由雨水管沿梁体结构外及墩柱引入地面集水井，就近排入地面道路上的排水系统。为了有效地将桥面沥青铺装层内的积水排出，在桥面外侧靠近防撞护栏处设 Φ1.2×15 渗水弹簧钢管。

（六）高架桥防雷接地

防雷接地设施在每座桥墩内各设一套，将照明灯杆、梁内钢筋、立柱钢筋与承台内的钢筋连接，承台内的钢筋与桩内的接地引下线钢筋连接，防雷接地电阻不应大于 4Ω。

二、施工方法

（一）桥面铺装施工

1. 材料温度控制参数

沥青加热温度控制在 160℃~165℃，现场制作温度控制在 165℃~170℃，加工最高温度 175℃，集料加热温度 190℃~200℃，混合料出场温度 175℃~185℃，混合料最高温度（废弃温度）195℃，摊铺温度不低于 160℃，初压开始温度不低于 150℃，复压最低温度不低于 130℃，碾压终了温度不低于 120℃，开放交通温度不高于 60℃。

2. 材料运输

在材料运输至现场过程中应注意以下问题：

由于改性沥青混合料的沥青玛蹄脂的黏性较大，运料车的车厢底部要涂刷较多的油水混合物，而且为了防止运料车表面混合料结成硬壳，运料车运输过程中加盖苫布，运料车的数量也要适当增加。

（1）来料的温度必须满足摊铺温度，即不低于 160℃，为此在现场设专职质量人员对料温进行测定。

（2）车辆等候时，相互之间应有一定的距离，倒车、停车、卸载设专人指挥，防止运输车辆与摊铺机发生碰撞影响摊铺质量。

（3）自卸车离开前应负责卸净粒料，并听从指挥离开，避免粒料倒在摊铺机受料斗外影响摊铺工作正常进行。

3. 摊铺

在摊铺沥青施工中，各部门应按施工前制订的原则在各部位严把质量关。摊铺开始前，在摊铺机受料斗内涂刷少量防止粘料用的柴油。沥青面层施工应进行试验段的施工，确定摊铺系数及施工设备配置是否合理，高程采用浮动基准梁控制平整度和厚度的施工方法。

（1）在摊铺沥青时，要注意天气变化，严禁雷雨天气摊铺，混合料摊铺温度要严格控制不得低于160℃。

（2）沥青混合料应缓慢、均匀、连续不间断地摊铺，摊铺过程中不应随意变换速度或中途停顿，摊铺速度应根据拌和机产量，施工机械配套情况及摊铺层厚度、宽度确定。摊铺速度为2m/min。在摊铺过程中，摊铺机螺旋送料器应不停地转动，两侧应保持有不少于送料器高度2/3的混合料，并保证在摊铺机全宽度断面上不发生离析，在熨平板按所需厚度固定后不得随意调整。

（3）用机械摊铺混合料时，不用人工反复修整。

（4）碾压

碾压过程是面层施工中的重要环节，碾压SMA的八字方针为"紧跟、慢压、高频、低幅"，并合理选择压路机组合方式及碾压步骤。SMA混合料压实宜采用钢筒式静态压路机组合，不使用轮胎压路机，速度要慢，不超过5km/h。沥青混合料的压实按初压、复压、终压三个阶段进行。

1）初压

应在混合料摊铺后较高温度下进行，温度不低于150℃，初压用10t钢碾紧跟在摊铺机后面压1~2遍，压路机应从外侧向中心碾压，相邻碾压带应重叠30cm。

2）复压

复压采用重型的振动压路机碾压2~3遍或采用刚性碾碾压3~4遍，达到要求的压实度，并无明显轨迹；复压料温不低于130℃，使用振动压路机时，相邻碾压带重叠宽度为10~20cm，振动压路机倒车时应先停止振动，并在向另一方运动后再开始振动，以避免混合料形成鼓包。

3）终压

终压应紧接在复压后进行，终压可选用双轮钢筒式压路机或关闭振动的振动压路机碾压一遍即可结束，其碾压终了温度应不低于120℃。

（5）接缝

1）纵缝

根据工程特点，可在沥青混合料摊铺过程中采用两台摊铺机并排摊铺，采用此方式摊铺可以一次整幅摊铺，纵缝热接可提高路面的平整度，达到美化路面的视觉效果。

2）横缝

改性沥青路面的接缝处理要比普通混合料困难一些，因此，摊铺时在边部设置挡板，也可以在改性沥青层每天施工完工后，在其尚未冷却之前就切割好，并利用水将接缝处冲刷干净，第二天，涂刷粘层油后摊铺新混合料。

（6）改性沥青混合料施工中容易产生的问题

1）过碾压

由于改性路面的集料嵌挤作用，压实程度不大，压实度比较容易达到，但是随着碾压遍数的增加，集料不断地往下走，玛蹄脂一点点地向上浮，造成构造深度减小，在碾压过程中要特别注意表面构造应保持在1~1.5mm，以便有适宜的构造深度。构造深度太小，是因为过碾压造成的。

2）出现油斑

改性沥青路面通车后出现油斑也是常见的一种病害，是由于改性沥青的纤维拌和不均造成的，因此在拌和时要严格控制纤维的投放数量和投放时间，并延长干拌时间，确保纤维拌和均匀。还要注意在储藏期间保持纤维干燥，防止纤维受潮成团。

3）碾压成型温度不够高是常见的毛病

改性在130℃碾压的效果就很差，在低温时碾压容易出现不平整。桥梁路面在行车过程中出现车辙，是因为碾压不足造成的。

（7）改性沥青质量检测

依据《公路改性沥青路面施工技术规范》、《公路沥青路面施工技术规范》执行。

桥面铺装施工工艺流程图如4-1所示：

```
                    ┌─────────────┐
                    │  测量放线    │
                    └──────┬──────┘
                           │
                           ▼
            ┌──────────────────────────┐
            │  整理、绑扎防撞护栏钢筋    │
            │  并安装泄水管集水箱        │
            └──────────────┬───────────┘
                           │
                           ▼
       ┌──────────────┐        ┌──────────────┐
       │ 立模浇筑防撞护栏│──────▶ │  安装钢柱     │
       └──────┬───────┘        └──────┬───────┘
              │                        │
              ▼                        ▼
       ┌──────────────┐        ┌──────────────┐
       │  清理桥面     │        │ 安装水平钢管  │
       └──────┬───────┘        └──────────────┘
              │
              ▼
       ┌──────────────┐
       │ 桥面混凝土铺装 │
       └──────┬───────┘
              │
              ▼
       ┌──────────────┐
       │中粒式沥青混凝土铺装│
       └──────┬───────┘
              │
              ▼
       ┌──────────────┐
       │细粒式沥青混凝土铺装│
       └──────┬───────┘
              │
              ▼
       ┌──────────────┐
       │  安装伸缩缝   │
       └──────────────┘
```

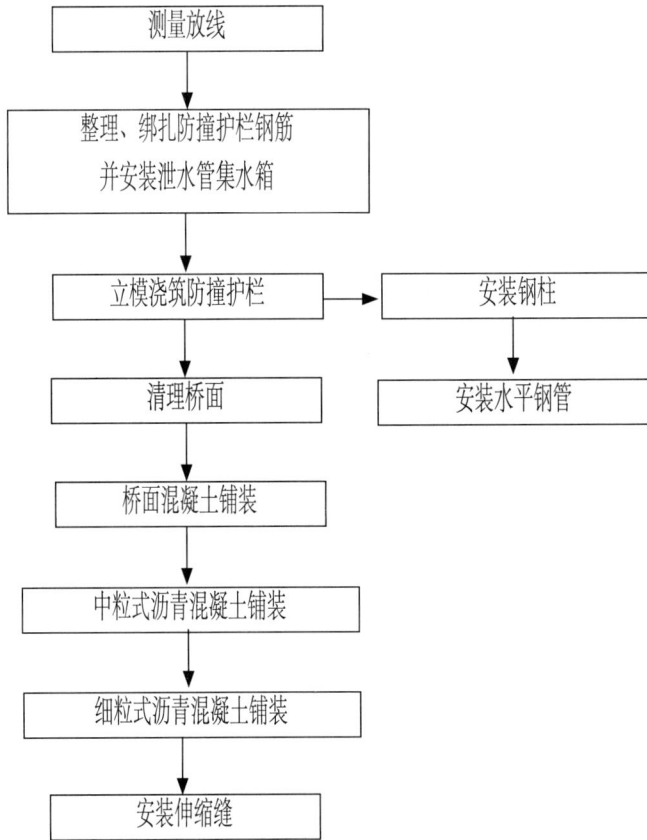

图 4-1 桥面铺装施工工艺流程图

（二）桥梁伸缩缝

桥梁一联，设置一道伸缩缝。

一联长度不大于 90m 时选用 80 型号钢橡胶伸缩缝，一联长度大于 90m 时选用 120 型号模数式伸缩缝。为保证防撞护栏之间缝隙不漏雨水，对该部分缝隙处同样设置伸缩缝装置。

伸缩缝安装施工工艺流程图如 4-2 所示：

```
┌─────────────────┐
│     桥面铺装      │
└────────┬────────┘
         ↓
┌─────────────────┐
│     定线切缝      │
└────────┬────────┘
         ↓
┌─────────────────┐
│  破除伸缩缝处混凝土 │
└────────┬────────┘
         ↓
┌─────────────────┐
│   清理接缝处填塞物  │
└────────┬────────┘
         ↓
┌─────────────────┐
│   梁缝间安堵泡沫板  │
└────────┬────────┘
         ↓
┌──────────────┐   ┌─────────────────┐
│  伸缩缝安装就位 │ → │   伸缩缝安装就位   │
└──────────────┘   └────────┬────────┘
                            ↓
                   ┌─────────────────┐
                   │   调整伸缩缝标高   │
                   └────────┬────────┘
                            ↓
                   ┌─────────────────┐
                   │    锚固伸缩缝     │
                   └────────┬────────┘
                            ↓
                   ┌─────────────────┐
                   │     解开锁定      │
                   └────────┬────────┘
                            ↓
                   ┌─────────────────┐
                   │     浇筑混凝土    │
                   └────────┬────────┘
                            ↓
                   ┌─────────────────┐
                   │    抹面后养生     │
                   └─────────────────┘
```

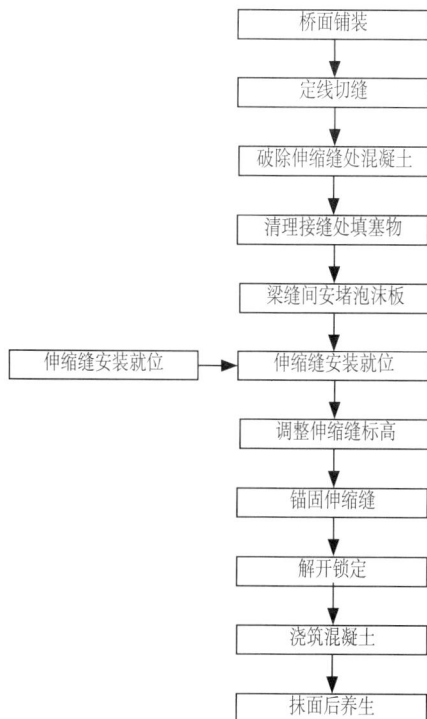

图 4-2 伸缩缝安装施工工艺流程图

伸缩缝的安装方式如下：

（1）开槽方法。采用反开槽二次切边法施工，即当铺筑完混凝土路面后再反开伸缩缝安装槽。第一次切边按设计边线向内反 5cm 处切边，待伸缩装置安装完成后再二次切边至设计线，以保证切边边口的整齐。

（2）安装形式。桥面伸缩装置与防撞墙伸缩装置分体安装，以防桥面伸缩装置端头的翘起来，保证缝端无漏水问题。

（3）伸缩缝安装

1）伸缩缝安装前首先检查伸缩缝开槽宽度与伸缩装置的间隙是否符合温差要求。间隙中是否清理干净，待检查验收合格后方可安装。

为防止安装过程伸缩缝装置发生变形，保证伸缩装置与两侧路的平顺，采用"吊缝固定法"，即采用长 3m、25# 工字钢垂直于槽放置，间距 1m，用 U 型钢筋在工字钢上将伸缩缝吊起同工字钢靠紧固定，用仪器检查平整度、顺直度，合格后方予以焊接。这样即可控制焊接时伸缩装置的变形，又可保证伸缩装置安装的整体质量。在止水胶带下填塞苯板的方法，不能很好地保证浇筑槽内混凝土时两梁的间隙及严密性，进而影响施工质量，为此采用在安装前伸缩缝钢梁前端根据锚固槽深度焊上 2mm 铁挡板，两板内再填苯板支撑的方法，用以保证这一环节的施工质量。

2）混凝土浇筑

施焊固定后，拆掉工字钢，切断U型钢筋，按设计规定宽度二次开缝，要求开缝顺直，清理后，解除定缝铁件，再次对各部位质量进行检查，合格后，方能浇筑混凝土。混凝土浇筑采用两侧同步浇筑严密振捣的方法，至无气泡冒出为止，然后用刮杠刮平，以两遍抹子成活，成活后拉毛。

（3）养护与保护

采用细麻片浸水双层加盖进行养护，养护期间，水车供水设专人负责，并对道路严格封闭，设专人看护。

（4）桥面改性沥青混凝土铺装

现浇连续梁桥面铺装采用平均8cm厚钢筋混凝土铺装层（C40混凝土）+防水层+9cm厚沥青混凝土铺装层铺装；钢箱梁桥面铺装采用2cm厚改性环氧树脂薄层铺装层+4cm厚高黏改性沥青SMA-13铺装。

（三）混凝土防撞护栏施工

桥梁护栏由钢筋混凝土实体部分构成，并在桥梁悬臂端部设置挂沿板，按照图纸在相应位置进行施工。

1. 钢筋工程

钢筋在加工区加工成半成品运输至现场，在现场一次绑扎成型，并在相应位置安装浸沥青软木板设置断缝，安装钢柱、预埋地脚螺栓，准确定位，保证其平面位置和竖直度并加固，防止混凝土浇筑时移位。

2. 模板工程

为提高护栏外观质量，护栏模板均采用整体定型钢模板。模板由专业加工单位加工制作，为防止模板在使用中产生变形，选用5mm后的冷轧钢板作为面板材料，厚度为6mm的板材作为加强肋，每2m一节，接口采用企口形式。

3. 混凝土工程

混凝土采用一侧单向浇筑成型工艺进行施工，混凝土坍落度控制在6~8cm，泵送混凝土，振捣分层进行。安排专职监振员负责振捣，避免漏振、欠振和过振，并注意对预埋件的保护。拆模后，采用麻袋片覆盖再洒水的方法养护，养护时间不得少于7天。

（四）钢箱梁涂装

1.除锈基本要求

（1）钢板型材经预处理后，表面除锈质量等级应达到SA2.5级，表面预处理的粗糙度为45~75μm。

（2）U型钢预先在内部做一道环氧富锌防锈漆。

（3）组装成型的钢构件，二次表面处理应达到SA2.5级。按要求涂装，留一道面漆在

2.涂装基本要求

（1）当环境湿度高于85%时，不宜进行高压无气喷涂。

（2）大面积涂装应采用高压无气喷涂方式。

（3）对喷涂难以确保膜厚的部位应采用预涂达到规定的膜厚。

（4）涂层表面应力求平整，不得有明显的针孔、裂纹、流挂、皱皮等弊病。

（5）膜厚测量结果：85%以上的点应等于或大于规定值，最低膜厚不应低于规定值的85%。外表面按两个90%进行测点。

（6）涂层损伤部位应采用打磨成坡度方式处理，油漆应逐层修补。涂层应进行膜厚管理，并记录膜厚检测报告。

表4-2 涂装配套及膜厚表

部位	方案	道数	厚度（μm）
钢箱梁外表面	无机富锌车间底漆	1	20
	二次表面处理		
	无机富锌底漆	2	80
	环氧树脂封闭漆	1	25
	环氧云铁中间漆	2	120
	聚氨酯面漆（工厂）	1	40
	聚氨酯面漆（现场）	1	40
钢箱梁内表面	无机富锌车间底漆	1	20
	二次表面处理		
	环氧富锌底漆	1	60
	改性环氧耐磨漆	1	125
桥面板	无机富锌车间底漆	1	20
	二次表面处理		
	环氧富锌底漆	1	80

（7）涂装检验

由工厂检验员、监理工程师共同验收除锈、涂装质量。最后一道面漆喷涂后，做总膜厚提交报告。

（8）不做涂装的部位

支座区格内浇灌混凝土部位不做油漆。

工地大接头和焊接部位（包括顶板、底板的大接头，横隔舱的端部，腹板与横隔舱焊接的部位，U型钢、扁钢的接头，工地散装件的接头及其他需工地焊接的部位），在焊缝两侧各50mm内只冲砂，用胶带保护好，不做油漆，待工地焊接完成后一起做油漆。

（五）泄水管采用集中泄水孔，直径不小于15cm，经墩柱设置的PVC管引入地面排水系统

1. 在浇筑桥面板时用塑料管预留泄水管安装孔，在预留孔上用纸等物质封孔防止桥面铺装时预留孔堵塞。

2. 泄水管顶面应略低于桥面铺装面层，下端应伸出结构物底面100~150mm，并按图纸将其引入地下排水设施。

（六）高架桥防雷接地

如上文所述，防雷接地设施在每座桥墩内各设一套，将照明灯杆、梁内钢筋、立柱钢筋与承台内的钢筋连接，承台内的钢筋与桩内的接地引下线钢筋连接，防雷接地电阻不应大于4Ω。

第五节　桥梁附属施工

一、垫石及支座安装

（一）一般规定

1. 支座垫石混凝土强度应满足要求，表面平整、无裂缝，高程、几何尺寸准确。支座产品严格执行准入范围；支座安装规格型号正确、位置准确、受力均衡。

2. 根据工程进度情况，制订合理的材料进场计划，小型支座应放置在室内，大型支座可设置遮雨棚避免雨水的浸泡，严禁露天存放。支座必须有合格证，经验收后才能用于安装。

3. 所有自制支座预埋钢板与其钢筋焊好后应进行热浸镀锌；从厂家成套购买的支座，应要求厂家将上下钢板进行热浸镀锌；盆式支座的钢、铁件也应进行热浸镀锌。热浸镀锌防锈处理应按照《公路波形梁钢护栏》（JT/T 281 — 2007）波型梁护栏的要求实行。螺栓、螺母、垫圈采用镀锌处理，并应清理螺纹或进行离心处理。

4. 按照设计的支座位置安放支座，支座的上下钢板定位螺栓应切割平齐，不得妨碍支座自由变位。

5. 应全面检查支座的各项性能指标，包括支座长、宽、厚、容许荷载、容许最大温差以及外观检查等，如不符合设计要求时，不得使用。

6. 支座安装后，应及时清理杂物，拆除临时固定设施。活动支座应按规定注入润滑材料。

（二）材料要求

支座应在通过省交通工程建设局资格审查的材料供货单位范围内进行采购。支座进场时应附带质保书，按照规定频率进行试验检测。

（三）施工工序

施工工艺为：支座垫石位置凿毛→调整预埋钢筋→清除垫石位置杂物→绑扎钢筋→支模→检查→浇筑混凝土→混凝土养护达到规定强度后进行支座安装。

（四）施工要点

1. 支座垫石施工

（1）支座垫石施工之前，做好测量放样工作，确定平面位置与高程，做好盖梁或墩顶支座垫石位置处的凿毛工作。

（2）支座垫石体积小、混凝土方量少，必须采用小石子混凝土配合比进行施工，混凝土强度必须满足设计要求。浇筑前用水充分湿润盖梁（或墩柱），施工中应采取可靠的措施确保支座垫石混凝土密实。

（3）认真进行钢筋网片绑扎，混凝土浇筑前必须检查钢筋绑扎的质量、摆放位置和相互之间的间距。对于预制箱梁支座垫石下的盖梁或台帽，以及现浇箱梁支座垫石下的墩顶处预埋钢筋网片，必须在施工过程中严格控制网片的数量与预埋质量。支座垫石的竖向钢筋预埋在盖梁（或墩柱）中，严格控制钢筋与垫石顶面之间的距离，不得露筋。

（4）计算复核支座设计标高（尤其是弯、坡、斜桥），严格控制支座垫石顶面标高，确保支座垫石顶面标高在规范允许的误差范围之内。

（5）做好支座垫石混凝土表面收浆抹面的工作，必须保证表面平整，不能有起伏。

（6）做好支座垫石的养护工作。一般严禁在冬期施工期间浇筑支座垫石，特殊情况下，必须采取严格的混凝土保暖措施。其他情况下，支座垫石在收浆抹面结束后必须采用潮湿土工布覆盖，并洒水养护7天。

（7）支座垫石不得出现露筋、空洞、蜂窝、麻面现象及裂缝，支承垫石预埋钢板（如有）不得出现钢板悬空现象。对于表面不平整、表面有裂缝、高程或几何尺寸偏差超过允许值，以及支座垫石混凝土强度不满足要求的支座垫石，现场一律做返工处理，绝对不允许进行修补或加固。

2. 支座安装

（1）重视安装前交底工作，各规格支座安装前必须对所有参与作业的人员进行详细的技术交底，让所有作业人员都熟悉作业程序、技术要求等，加强责任心、高空作业安全注意事项等方面的教育，形成会议纪要备查。

（2）严格按照设计要求进行安装，梁板安装前认真核对图纸，将每墩支座型号、规格罗列清楚，确保每墩支座规格、型号正确。支座的材料、规格和质量必须满足设计和有关规范的要求，经验收合格后方可安装。

（3）安装前必须认真复核支座垫石标高，对标高超出误差范围的，在安装前对支座垫石进行返工处理，处理完成且强度符合要求后再组织安装施工。

（4）按施工图（尤其注意支座的方向）放出每墩支座的中心线及沿盖梁方向的两条外边线，支座的方向应经监理工程师现场确认，确保支座安装正确。

（5）专人统一指挥，确保梁体平衡着地，确保支座位均衡受力。

（6）支座不得发生偏歪、不均匀受力和脱空现象。滑动面上的四氟滑板和不锈钢板不得刮伤，安装前必须涂上硅脂油。安装过程中，支座发生损伤必须更换。

（7）若支座与梁之间存在间隙确实需要调整，可在支座与梁之间垫钢板，所垫钢板必须进行热浸锌处理，且每个支座上最多只能垫一块钢板。

（8）加强过程控制。每片梁、每座墩安装完成后，现场质检人员应及时跟踪检查，发现安装质量问题及时整改，避免二次处理。

（9）在桥面系施工前，项目部、总监办应及时组织全桥支座安装质量验收，经过复查，支座安装质量全部合格后，方可进行上部桥面系的施工。

（五）质量控制

1. 支座接触必须严密，不得有空隙，位置必须符合设计要求。预制梁架设完成后应用工具检查支座有无脱空情况。

2. 支座安装质量标准依照评定标准实行。

（六）安全文明

1. 施工现场应配备爬梯，方便施工人员上下。

2. 墩台施工完成后宜紧接着施工支座垫石，垫石施工高空作业时宜尽量利用墩台帽施工作业平台、防护栏杆和安全网。

3. 高空作业人员必须戴安全帽、系安全带、穿防滑鞋，禁止上下交叉作业。

4. 施工中应尽量减少对墩台的污染，垫石施工完成后，对个别污染点应及时进行彻底清理。

二、护栏

（一）一般规定

1. 施工前，应对防撞护栏预埋钢筋进行复检，对缺、漏、错位的钢筋应采取措施整改到位后才能进行防撞护栏的施工。

2. 先施工桥面铺装的应在桥面铺装混凝土强度达到设计要求且养护期结束后才能开始进行护栏施工。

（二）施工工序

精确放样→凿毛、预埋筋调整→钢筋制作安装→模板安装→浇筑混凝土→拆模→养生。

（三）施工要点

1. 精确放样

对护栏进行放样，应画出其内边线，根据线形进行微调，确保护栏线形顺畅。放样时，对于直线段，每10m测一护栏内边缘点，曲线段应根据实际计算确定。护栏的高程以桥面铺装层作为控制基准面，在此之前，应对桥面铺装层进行检验，保证其竖直度，确保顶面高程。

2. 钢筋制作与安装

钢筋的骨架按设计要求制作，并与梁顶预埋筋连接。安装时，应根据放样点拉线调整钢筋位置，确保保护层厚度。应采用梅花形高强砂浆保护层垫块。钢筋绑扎时，铅丝应向内弯曲，避免在混凝土表面形成锈点。

3. 模板安装

（1）模板应采用整体式钢模，模板交角处采用倒圆角处理，使其线形平顺，严格按设计要求尺寸制作。对制作好的模板应进行试拼编号，对于有错台和平整度不符合要求的应及时整改，合格后方可使用。

（2）应确保模板具有足够的刚度和强度，确保其在施工中不变形。护栏模板的安装应严格按规范要求进行，确保混凝土在施工时不出现跑模、错台、变形、漏浆等现象，并保证混凝土的外观质量。

（3）选用专用脱模剂，保证混凝土颜色均匀、表面光滑。

（4）应采取有效措施确保护栏截面尺寸准确、模板牢固稳定。

（5）采用塑料胶带粘贴于模板接缝处，模板之间采用螺栓扣紧，模板与铺装层接缝采用海绵材料进行填缝，保证接缝严密，不漏浆，不污染。安装模板时，应严格控制错台现象。

（6）应按照设计位置设置断缝及假缝，断缝宜采用易于拆除的板材断开，端头模板应采用钢板。模板拆除后应立即进行假缝的切割。在伸缩缝处应预留槽口，以便于伸缩缝安装。

4. 混凝土施工

（1）同一跨内的单侧护栏应一次性浇筑。混凝土浇筑采用斜面分层法浇筑，混凝土以人工用铁锹铲入模板内，不宜采用泵送直接打入模板内。

（2）对于斜面混凝土应加强振捣，保证表面密实。浇筑至顶面时，应派专人进行顶面抹面修整，确保护栏成型后顶面光洁、线形顺畅。

（3）护栏模板底砂浆找平层不得侵入护栏混凝土，护栏施工完毕后，应予以清除。

（4）夏季施工时，宜采用低水化热水泥。

（5）模板拆除应避免破坏混凝土面和棱角。模板拆除后，应及时整修和保洁。

（6）混凝土浇筑应避开高温。夏季宜在阴天或晚间施工；雨季施工时，应备有塑料膜，遇雨时，应及时覆盖。

5.养生

应采用干净的无纺土工布覆盖，自动滴漏养生，养生时间不少于7天。

（四）质量控制

1.护栏面和接缝处不得有开裂现象，错台、平整度、外观质量问题要及时处理，并保证颜色一致。

2.护栏全桥线形直线段应顺直，曲线段弧形应圆顺，无折线与死弯。顶面应平顺美观、高度一致。

3.护栏质量标准依据相关评定标准实行。

（五）安全文明

1.桥梁边缘应设置栏杆，挂安全网，施工人员进场必须戴安全帽，在桥梁边缘作业的工人必须系安全带。

2.桥头应设栅栏，非施工人员严禁入内。

3.合理布置施工场地，材料应分类集中堆放，做到场地整齐。施工废料应单独集中堆放，并及时处理。

4.做好临时泄水孔，让桥面污水直接排到桥下，避免污染桥面。

三、伸缩缝

（一）一般规定

1.伸缩缝应由专业队伍到现场负责安装施工。

2.根据工程进度需要，制订合理的材料进场计划，伸缩缝材料应固定平放，以防变形。伸缩缝产品必须有合格证，经验收合格后才能用于安装。

3.一道伸缩缝的材料不宜分段加工、安装，若伸缩缝较长，需要分段加工时应尽量减少接头数量，且应在安装前焊接成整体。

4.应在桥面铺装前检查和整改预留槽宽度，预埋钢筋应定位准确，并经验收合格。伸缩缝预留槽在沥青混凝土路面铺设之前，应用5cm厚砂浆填平，下面填满碎石，伸缩缝在最后一层沥青混凝土摊铺完成后施工。

5.应先安装一条工艺试验性伸缩缝，待检验合格后，方可进行大面积施工。

（二）材料要求

1. 伸缩缝应在通过省交通工程建设局资格审查的材料供货单位范围内进行采购。伸缩缝进场时应附带质保书，承包人按照规定频率进行试验检测。

2. 混凝土应根据设计要求选用，一般为钢纤维混凝土，钢纤维掺入量应符合相关规范或设计要求。

（三）施工工序

无论是水泥混凝土桥面还是沥青混凝土桥面，均应采用反开槽施工。

施工工艺为：预留槽口放样→切割预留槽→调整预埋钢筋→清除槽口杂物→安放伸缩缝→高程检查→锁定、绑扎钢筋→支模→检查→浇筑混凝土。

（四）施工要点

1. 钢制支承式伸缩缝安装

（1）施工前，应做好伸缩装置部位的清渣工作，严禁残渣弃留在墩、台帽上，影响支座。

（2）采用焊接接长梳形钢板时，应按设计的锚栓孔位置及平面尺寸弹线定位，并用夹板固定，应对焊后的变形进行矫正。

（3）按设计高程将锚栓预埋入预留孔内，然后焊接锚板，并调整封头板，使之与垫板齐平。

（4）安装时，应将构件固定在定位角钢上，以确保安装精度，同时应防止产生梳齿不平、扭曲及其他变形，要严格控制好梳齿的间隙。

（5）可在钢梳齿根部钻适量小孔，以便浇筑混凝土时混凝土中的空气顺利排出，或采取其他措施。

（6）混凝土浇筑后，应及时将定位角钢拆除，并做好混凝土养生。

2. 模数式、毛勒式伸缩缝安装技术与工艺

（1）在桥面沥青铺装表面按缝宽要求放样，切除缝内沥青铺装，清除缝内多余的沥青铺装和填塞的杂物，洗刷预埋钢筋和切缝两面泥浆。伸缩缝安装之前，应按照安装时的气温调整安装时的伸缩值，用专用卡具将其固定。

（2）应用水平尺检查伸缩缝顶面高度与桥面沥青铺装高差是否满足要求，伸缩缝混凝土模板应仔细安装，确保不漏浆。

（3）伸缩缝平面位置及高程调整好后，用两台电焊机由中间向两端将伸缩缝的一侧与预埋筋点焊定位；如果位置、高程有变化，应采取边调边焊的方式，且每个焊点焊缝长不得小于5cm，点焊完毕再加焊，点焊间距应控制在1m之内；焊完一侧后，用气割解除锁定，调整伸缩缝在某温度下的上口宽度，上口宽度调整正确后，焊接所有连接钢筋。

（4）浇筑混凝土前将间隙填塞，防止浇筑混凝土时把间隙堵死，影响伸缩。采取一定措施，防止混凝土渗入模数式装置位移控制箱内或密封橡胶带缝中及表面上，如果发生此现象，应立即清除，然后进行正常养护。

3.开槽及浇筑混凝土

（1）铺筑沥青混凝土时，应保证连续作业，在伸缩缝两边各20m内不能停机，以免因机器停止、启动影响此段路面的平整度，从而影响伸缩缝的安装质量。

（2）伸缩缝开槽应顺直，且确保槽边沥青铺装层不悬空，层下水泥混凝土密实。

（3）混凝土应避免在高温下施工，浇筑混凝土时，应振捣密实，不得有空洞。混凝土现场坍落度宜控制在8~10cm。

（4）待混凝土接近初凝时，应及时进行第二次压浆抹面，使混凝土表面平整，二次抹面后用土工布覆盖养生。

（5）每条伸缩缝混凝土必须做一组混凝土试块，并同条件养生。

（五）质量控制

1.伸缩缝锚固应牢靠、不松动，伸缩性能有效。

2.伸缩缝开槽后检验及安装项目见相关规范。

3.伸缩缝安装质量标准依据相关评定标准实行。

（六）安全文明

1.桥面伸缩缝施工时，应封闭交通，并分左、右幅施工，做好安全警示标志，注意来往车辆的安全。

2.所有伸缩缝材料应放置在封闭区内，平放防晒，并加设防撞措施。

3.为防止伸缩缝施工污染桥面，应从伸缩缝槽口两端沿桥纵向铺设足够长度的彩条布。伸缩缝完成后，应对污染、损坏的桥面系、桥下结构进行彻底清理和修补。

4.对已施工完毕的伸缩缝要派专人看护，在伸缩缝装置两侧混凝土强度满足设计要求的条件下，且不少于 7 天后，方可开放交通。若因条件限制，则必须在缝上设临时行车的钢栈桥，严禁扰动强度形成期的混凝土。

四、搭板和锥坡

（一）一般规定

1. 应对桥头搭板处路基进行测量，保证高程、横纵坡、平整度符合要求方可施工搭板。

2. 对桥头锥坡进行放样、清表，用坡度尺检查坡度。

3. 现场应安排技术人员负责技术工作，桥头锥坡施工应安排至少 2 名修砌专业工人。

（二）施工工序

台背回填与锥坡填土应同时填筑，具体要求按相关公路施工标准执行。

1. 桥头搭板（垫梁）施工工序

施工放样→基层高程测量→人工修整底基层、找平→垫层施工→安装钢筋、立模→混凝土浇筑→拉毛→养生。

2. 桥头锥体护坡施工工序

施工放样→刷坡→挂线、找平、修整坡面→砌筑→养生。

（三）施工要点

1. 锥体填土应按设计高程及坡度填筑到位，根据砌筑片石厚度进行刷坡。当坡面土少部分不足时，不得回填，直接用片石砌筑。

2. 石砌锥坡在坡面或基面夯实、整平后方可开始砌筑，砌筑时要挂线施工。

3. 片石护坡的外露面和坡顶、边口应选用较大、较平整并略加修凿的石块。浆砌片石护坡，石块应相互咬接，错缝砌筑，砌缝砂浆饱满，缝宽尽量小。干砌片石护坡，铺砌应紧密、稳定，表面平顺，不得用小石块塞垫找平，砌缝宽度应均匀。

4. 锥、护坡应设置踏步，以便对桥台支座等构造进行检查和养护。

5. 搭板施工前应准确放样，采用切割机对基层进行切割后清除，保证边部顺直。

6. 搭板底部应清理干净，布设钢筋前应对底部进行高程测量复核，保证搭板的厚度。

7. 搭板底部素混凝土应严格控制质量，应做到底部不留空隙、混凝土平整密实。

（四）质量控制

1. 桥头搭板质量标准依据相关评定标准实行。

2. 锥、护坡质量标准依据相关评定标准实行。

（五）安全文明

1. 离搭板施工前后 20m 左右位置应设置路障，严禁外来车辆进入，人员进场必须戴安全帽；在护坡上施工时需穿防滑鞋，严禁穿拖鞋进入工地。

2. 片石砌筑施工时，严禁在坡顶抛扔片石。

第五章　公路桥梁养护

第一节　路基的维修保养

路基和路面是公路最重要的组成部分，是公路养护的重点内容和部位。其病害的发生，直接影响公路的使用功能，备受业内人业的重视。公路路基、路面病害的处置约占养护费用的80%，处置效果除施工质量等因素外，往往因垂直方案失当而效果甚微，得不偿失。随着公路路基研究的成果的增加，公路养护的水平也在不断提高。

一、常见的路基病害

（一）路基沉陷

路基沉陷是指路基在垂直方向产生较大不均匀下陷的现象，造成局部路段破坏，影响正常交通。常见的路基沉陷有两种情况：

1.路基的沉落

由于填料选择不当，填筑方法不合理，压实不足，在重载和水温作用下，造成堤身向下沉陷。

2.地基的沉陷

原地面若为软弱土层，例如泥沼、流沙或垃圾堆积等，填筑前未经换土或压实，造成承载力不足，发生侧面剪裂凸起，地基发生下沉，引起路堤堤身下陷。

（二）路基边坡的坍方

路基边坡的坍方是最常见的路基病害，按其破坏规模与原因的不同，路基边坡坍方可分为剥落、碎落、滑坍、崩坍等。

（三）路基沿山坡滑动

当在较陡的山坡填筑路基时，如果原地面较光滑，未经凿毛或人工挖筑台阶，或丛草未清除，坡底线又未进行必要的支撑，特别是在受到水的浸润后，填方路基与原地面之间摩阻力减小，在荷载及自重作用下，有可能使路基整体或局部沿地面向下移动，使路基失去整体稳定性。

（四）不良地质水文条件造成的路基破坏

1.不良的工程地质与水文条件，如地质构造复杂、岩层走向及倾角不利、岩性松散、风化严重、土质较差、地下水位较高，以及其他特殊不良地质灾害等。

2.不利的水文与气候因素，如降雨量大、洪水、干旱、冰冻、积雪或温差过大等。

3.设计不合理，如断面尺寸不合要求，其中包括边坡值不当，边坡过高，挖填布置不符合要求，路基处于满湿或过湿状态，排水不良，防护与加固不妥等。

4.施工不符合有关规定，如填筑顺序不当，土基压实不足，盲目采用大型爆破，以及不按设计要求和操作规程进行施工，工程质量没有达到应有的标准。

（五）路基翻浆

路基翻浆是指路基经过秋季雨水的冲击，冬季降雪造成路面冻结，春融时路基或路面基层含水率过高，强度急剧降低，在行车作用下造成路基湿软、路面破裂、冒出泥浆的现象。造成翻浆的因素为：地面排水困难，路基填土高度不足，路基水分积聚较多，加速了路基的水损坏；若是粉性土质路基，毛细上升速度快，作用强，为水分向上积聚创造了条件；春融期降雨加剧湿度积聚和翻浆；设计不当、施工质量问题、养护管理不到位、交通量过大等人为因素。

二、日常维护内容

维修、加固路肩、边坡；疏通、改善排水设施；维护、修理各种防护构造物；清除坍方、积雪，处理塌陷，检查险情，防治水毁；观察和预防、处理翻浆、滑坡、泥石流等病害；有计划、有针对性地对局部路基进行加宽、加高，改善急弯、陡坡和视距不良路段，使之逐步达到所要求的技术标准。

三、路基的维护要求

（一）路基各部分经常保持完整，各部尺寸保持规定的标准要求，不损坏变形，经常处于完好状态。

（二）路肩无车辙、坑洼、隆起、沉陷、缺口，横坡适度，边缘顺适，表面平整坚实、整洁，与路面接茬平顺。

（三）边坡稳定、坚固，平顺无冲沟、松散，坡度符合规定。

（四）边沟、排水沟、截水沟等排水设施无淤塞、无高草，纵坡符合要求，排水畅通，进出口维护完好，保证路基、路面及边沟内不积水。

（五）挡土墙、护坡及防雪、防沙等设施保持完好无损坏，泄水孔无堵塞。

（六）做好翻浆、坍方、山体滑坡、泥石流等病害的预防、治理和抢修，尽力缩短阻车时间。

四、路基养护、维修方案

（一）路肩的养护

路肩的作用是保护路基稳定和路面完整，对边坡进行防护和加固。保护路肩的稳定，可以有效防止水侵蚀路基。养护要求为碾压密实，横坡适度，边缘顺直平整，不允许出现积水、沉陷和堆积物等问题，重点是减少或消除水对路肩的危害。具体养护时，不同类型的路肩养护措施不同：

1.对于土路肩易出现车辙、坑洼、积水或与路面产生错台的现象，必须及时整修，并用与原路基相同的土填平、夯实，土路肩过高则妨碍路面排水，应及时整平；土路肩横坡度过大，宜用良好的砂土及其他合适的材料填补压实，不得用清沟挖出的淤泥或含有草根的土壤填补；土路肩横坡过小时，应削高补低，整修至规定坡度。

2.对于陡坡路段（纵坡大于5%）的路肩，易被暴雨冲成纵横沟槽，甚至冲坏路堤边坡，根据路基排水系统的情况与需要，综合改善，在每条截水明槽处，留一淌水口，其下面的边坡用草皮或砌石加固，使水集中并由槽内流出。

（二）边坡的养护

对不设防护的边坡，要经常保持边坡适宜的坡度，边坡上除个别高出的部分应予铲平维修外，不准随便挖动，更不能在坡底线处垂直挖坑取土，确保边坡的坡度稳定一致。当发现路堤边坡有坍塌时，应自上而下先挖成台阶，再分层填土夯实，夯实后宽度要稍超出原来坡面，以便最后整修切平，不能在边坡上贴土修补。

对于已设防护的边坡，如植被护坡、砌石护坡、抛石加固边坡、石笼加固边坡，需要经常检查边坡的防护情况，结合护坡的类型和特点进行养护，如植被护坡主要是对植被的种植、定期浇灌等。

（三）路基排水设施的养护

路基排水系统具有拦截、汇集、排除地面和地下水，降低地下水位的功能，使路基免受水的侵害，保证路基的强度和稳定性。地面排水设施一般应包括边沟、截水沟、排水沟、跌水、急流槽、倒虹吸管、渡槽等，地下排水设施有暗沟、渗沟和渗井。

1.地面排水设施的养护与维修

为了保证沟渠迅速排水，应经常疏通，使沟底保持不小于 0.5% 的纵坡；除坚持日常检查外，应加强汛前、雨中、暴雨后的检查，及时发现问题并加以清除，保证路基各排水设施的正常工作；维修时排水沟的断面形状和尺寸应满足排水需求，还应保持沟外边坡度，防止坍堤，阻塞边道。

地下排水设施的养护和维修应经常注意地下排水设施的排水能力，防止排水口堵塞，若地下排水设施遭受破坏，则应维修或重修地下排水设施。路基两侧边沟下均设盲沟，用以降低地下水位，防止毛细水上升至路基，形成水分积聚而造成冻胀翻浆，或土基过湿而降低路基强度。

（四）挡土墙的养护

挡土墙是用来支撑天然边坡或人工填土边坡，以保持土体稳定的建筑物。发现挡土墙有裂缝或断裂时，先将缝隙凿毛，清除碎碴和杂物，然后用水泥砂浆填塞。挡土墙发生倾斜、鼓肚、滑动或下沉时，采用锚固法、套墙加固法或增建支撑墙加固法对其进行加固。挡土墙的日常养护除经常检查其有否损坏外，每年应在春秋两季进行定期检查。

（五）透水路堤的养护

透水层一般设有泄水管，应经常清除泄水管的淤泥和杂物，确保良好的泄水性能。此外经常检查透水路堤顶面与路基之间的隔离层是否存在毛细水通过隔离层上升而软化上部路基的情况，如上部路基发软变形，说明隔离层失去隔水作用，应及时修理。

（六）翻浆路段的养护

由于翻浆受气候影响较大，不同的季节采取不同的养护措施，秋季防水，冬季防冻，春节抢防，夏季修复翻浆破坏的路基、路面，采取根治翻浆的措施。具体防护措施为：设置盲沟和渗沟，做好排水工作；铺设隔离层；铺设隔温层，防止水的冻结和土的膨胀，除此之外加大对春季的防翻浆管理力度。

第二节　路面的维修保养

一、路面的主要类型

（一）水泥路面

水泥混凝土路面，是指以水泥混凝土为主要材料做面层的路面，简称混凝土路面。亦称刚性路面，俗称白色路面，它是一种高级路面。水泥混凝土路面有素混凝土、钢筋混凝土、连续配筋混凝土、预应力混凝土、钢纤维混凝土和装配式混凝土等各种路面。我国的水泥路面很多，城市道路、机场道路、低等级道路等，有大量的水泥路面。我国水泥路面大量发展的原因主要有材料的供应、经济效益、能源消耗、科技进步、使用特性、社会效益等。我国的水泥产量十分巨大，各个地方都有水泥厂，取材方便，而且水泥很便宜，我国对水泥的特性也研究得很成熟。但是，近些年来，发现了许多水泥路面的病害，病害种类很多，形成原因也各不相同，这些病害会带来危险和损失，为此，人们付出了很多物力和人力对其病害做了许多调查和研究。

（二）沥青路面

在矿质材料中掺入路用沥青材料铺筑的各种类型的路面。沥青结合料提高了铺路用粒料抵抗行车和自然因素对路面损害的能力，使路面平整、少尘、不透水、经久耐用。因此，沥青路面是道路建设中一种被最广泛采用的高级路面。随着我国经济的迅速发展，公路的里程不断增加，沥青混凝土路面由于平整性好，行车平稳舒适，噪声低，许多地区在建设公路时都会优先采用沥青路面。而半刚性基层具有强度大、稳定性好及刚度大等特点，被广泛用于修建高等级公路沥青路面的基层或底基层。在我国已建成的公路路面，90% 以上是半刚性基层沥青路面，在今后的国道主干线建设中，半刚性基层沥青路面仍将是主要的路面结构形式。

虽然公路工程中大量用沥青路面，但是沥青路面在使用过程中仍会出现许多问题。越来越多的路面病害相继出现，对行车的舒适性、人身安全、经济等造成很大影响，所以对沥青的特性、路面病害机理和养护维修的研究都十分重要。

二、病害机理

（一）水泥路面病害机理

1. 裂缝

（1）横向裂缝。由于水泥混凝土失水干缩、冷缩、切缝不及时等原因导致水泥混凝土路面产生垂直于路线方向的有规则的裂缝。

（2）纵向裂缝。由于路基体填料、施工方法不当等，导致路基不均匀沉降，使路面板在自重和行车压力作用下产生跟路线走向平行或基本平行的裂缝。

（3）交叉裂缝。由于水泥混凝土路面自身强度不足、路基和路面基层的强度和水稳定性差，或是使用性能不稳定的水泥导致水泥混凝土路面板产生两条或两条以上相互交叉的裂缝。

（4）板角断裂。由于板角处受连续荷载作用、基础支撑强度不足及翘曲应力等因素综合作用而产生与板角两边接缝相等的贯穿水泥混凝土路面板全厚度的裂缝。

2. 表面损坏

（1）纹裂、网裂、板面起皮和剥落。由于施工时过度抹面、养护不及时等原因导致路面板表层出现的浅而细或发丝状的表面裂纹和网状裂纹。

（2）麻面、露骨。由于混凝土离析导致路面板表面结合料磨失，成片或成段路面板呈现过度的粗糙表面或者骨料裸露。

（3）磨光。由于集料耐磨性差导致水泥混凝土路面板在车轮荷载作用的重复碾磨后，表明磨光，抗滑性能下降。

（4）坑槽、孔洞。由于集料含泥量过大等原因导致面层骨料局部脱落，出现孔洞、坑槽。

3. 接缝损坏

（1）填缝料损坏、接缝碎裂。使用中，气温上升时填缝料被挤出，气温下降时填缝料不能恢复，使缝中形成空隙，泥、砂、石屑等杂物侵入，成为再次胀伸时的障碍，造成路面板接缝处的变形和破损。

（2）唧泥。填缝料破坏，雨水下渗导致唧泥。

4. 变形损坏

（1）错台。由于基层或路基体压实不均匀，致使相邻水泥混凝土路面板在车辆的重复荷载作用下，产生不均匀沉降，导致相邻水泥混凝土路面板在接缝处产生的垂直高差。

（2）拱起和沉陷。胀缝被硬物阻塞，或胀缝设置过少，使路面板受热时不能自由伸张导致横缝两侧的混凝土路面板板体发生明显抬高；填缝料损坏导致雨水从接缝处下渗，软化基层，甚至软化路基体，使路面板接缝下方的基层和路基体承载力下降，路面板跟着下沉，两侧的混凝土路面板板体发生明显下沉。

（二）水泥混凝土路面病害防治方法

1. 严格控制基层和路基施工质量，确保达到规范要求。

2. 优选公路水泥混凝土路面原材料。

3. 严格进行施工过程控制，保证施工质量。

4. 发现公路水泥混凝土出现损坏，及时进行修补。

（三）沥青路面常见的病害及机理

1. 变形类

车辙属变形类，是指路面上沿行车轨迹产生的纵向带状凹槽，深度1.5cm以上。车辙是在行车荷载重复作用下，路面产生永久性变形积累形成的带状凹槽。车辙降低了路面平整度，当车辙达到一定深度时，由于辙槽内积水，极易发生汽车飘滑，导致交通事故。车辙主要是由于设计不合理及车辆严重超载导致的。影响沥青路面车辙深度的主要因素是沥青路面结构和沥青混凝土本身的内在因素，以及气候和交通量及交通组成等的外界因素。车辙产生的主要原因有：

（1）沥青混合料油石比过大。

（2）表面磨损过度。

（3）雨水侵入沥青混凝土内部。

（4）由于基层含不稳定夹层而导致路面横向推挤形成波形车辙。

2. 裂缝类

沥青路面建成后，都会产生各种形式的裂缝。初期产生的裂缝对沥青路面的使用性能基本上没有影响，但随着表面雨水的侵入，导致路面强度下降，在大量行车荷载作用下，使沥青路面产生结构性破坏。沥青路面裂缝的形式是多种多样的，裂缝从表现形式可分为横向裂缝、纵向裂缝和网状裂缝三种。影响裂缝的主要因素有：沥青的品种和等级、沥青混合料的组成、面层的厚度、基层材料的收缩性、土基和气候条件等。坑槽（裂缝类）是常见的沥青路面早期病害，指路面因破坏而出现的深度大于 2cm、面积在 $0.04m^2$ 以上的坑洼。坑槽主要是车辆修理或机动车用油渗入路面，使沥青混合料松散，经行车碾压逐步形成的。

3. 松散类

沥青路面的松散是指路面结合料失去黏结力、集料松动，面积 $0.1m^2$ 以上。松散是直接影响行车安全的路面病害，松散可能出现在整个路面表面，也可能在局部区域出现，但由于行车作用，一般在轨迹带比较严重。其产生的主要原因有：

（1）局部路基和基层不均匀沉降引起路面破坏。

（2）碎石中含有风化颗粒，水侵入后引起沥青剥离。

（3）随着使用时间的增多，沥青结合料本身的黏结性能降低，改使面层与轮胎接触部分的沥青磨耗，造成沥青含量减少，细骨料散失。

（4）机械损害或油污染。沥青路面脱皮（松散类）是指路面面层层状脱落，面积 $0.1m^2$ 以上。沥青路面脱皮主要是因为水损害。

4. 其他类

修补损坏面积。因破损或病害而采取修复措施进行治理，路表外观上已修补的部分与未修补的部分明显不同。

三、整治措施

1. 沥青路面车辙的治理措施

（1）如果是车道表面因车辆行驶推移面产生的车辙，应将出现车辙的面层切削或铣刨清除，再重铺沥青面层，然后采用沥青玛蹄脂碎石混合料或改性沥青单混合料或聚乙烯改性沥青混合料来修补车辙。

（2）如果是路面受横向推挤形成的横向波形车辙，如已经稳定，可将凸出的部分削除，在波谷部分喷洒或涂刷黏结沥青并填补沥青混合料找平、压实。

（3）如果是由于基层强度不足、水稳性能不好，使基层局部下沉而造成的车辙，应先处治基层，将面层和基层完全挖除。

2. 沥青路面裂缝及坑槽的治理措施

（1）沥青路面裂缝产生后，如果是在高温季节全部或大部分可愈合的轻微裂缝，可不加处理。如果是在高温季节肯定不能愈合的轻微裂缝，要及时进行维修，控制裂缝的进一步扩大，防止其导致路面早期破坏，提高公路使用效率。同样，在沥青路面裂缝的维修时，要严格控制工艺操作和规范要求。

（2）灌油修补法。在冬季，将纵横裂缝处清扫干净，用液化气将缝壁加热至黏性状态后，再把沥青或沥青砂浆（在低温潮湿季节宜喷洒乳化沥青）喷抹到缝中，再均匀地撒一层 2~5mm 厚的干燥洁净石屑或粗砂加以保护，最后用轻型压路机将矿料碾压。如果是细小的裂缝，则要预先用盘式铣刀进行扩宽，再按上述方法做处理，沿裂缝涂刷少量稠度较低的沥青。

（3）对开裂的沥青路面进行修补。施工时，先把裂缝的旧迹凿掉，形成 V 形槽；再用空压机吹除 V 形槽中及其周围的松动部分和尘土等杂物，然后通过挤压枪把已经拌和均匀的修补材料灌入裂缝中，使之饱满。待修补材料凝固后，约 1 天厚即可开放交通。此外，如果由于土基、基层强度不足或路基翻浆等引起严重龟裂，应先处治好基层再重做面层。

（4）路面的基层完好，仅面层有坑槽时的护理方法。按"圆洞方补"的原则，画出与路中心线平行或垂直的坑槽修补轮廓线，按长方形或正方形来画，凿开坑槽到稳定部分，用空压机将槽底、槽壁的尘土和松动部分清除干净，然后在干净的槽底、槽壁喷洒薄层黏结沥青，随即填铺备好的沥青混合料。然后用压路机碾压，压时要确保压实力直接作用在摊铺后的沥青混合料上。采用这种方法，不会发生裂缝、裂纹等现象。

（5）热补法修补。采用热修补养护车，将加热板加热坑槽处路面，翻松被加热软化的铺装层，喷洒乳化沥青，加入新的沥青混合料，然后搅拌摊铺，压路机压实成型。

（6）若因基层局部强度不足等使基层破坏而形成坑槽，应将面层和基层完全挖除。

3.沥青路面松散的治理措施

（1）因嵌缝料散失出现轻微麻面，在沥青面层不贫油时，可在高温季节撒适当的嵌缝料，并用扫帚扫匀，使嵌缝料填充到石料的空隙中。

（2）大面积麻面就喷洒稠度较高的沥青，并撒适当粒径的嵌缝料，应使麻面部分中部的嵌缝料稍厚，周围与原路面接口要稍薄，定型要整齐，并碾压成型。

（3）因沥青与酸性石料间的黏附性不良而造成的路面松散，应将松散部分全部挖除后重做面层，重做面层的矿料不应再使用酸性石料。

4.砼路面坑洞修补

（1）适用范围：适用于 $0.01 \sim 0.5m^2$ 以上路面、桥面坑洞或坑槽。

（2）材料要求：采用改性环氧树脂类材料、沥青砂、坑洞灵等材料，所有原材料的各项技术指标应满足规范指标的要求。

（3）施工工艺

1）按坑洞破损面的大小切割成规则的矩形形状，切割深度不小于 2cm。凿除坑洞破损、松散部分，坑槽壁需凿成粗糙的垂直面。

2）清除混凝土碎屑，用吹风机吹净坑槽内灰尘；如坑槽壁有黏附性强的污染物，先用钢丝刷清理干净，再用吹风机吹净沟槽内灰尘。

3）清理后，将坑洞修补材料直接填入坑槽内（沥青砂需先涂刷沥青黏结层）。环氧树脂类材料需保持与路面板齐平，待材料固化后，达到通车强度，即可开放交通。沥青砂、坑洞灵类材料需分层填入、分层夯实，每层铺填厚度不能超过 3cm，每 $0.01m^2$ 范围需用铁锤人工捶击不少于 10 锤，直至夯实为止。对于修补面积大于 $0.5m^2$ 的坑槽，需用小型打夯机进行夯实。沥青砂、坑洞灵类材料修补坑洞需平整、密实，顶面高于砼路面板 $2 \sim 3mm$。修补完毕后，沥青砂材料面上需撒一层细沙，防止车轮碾压时沾染沥青，污染路面，也防止沥青损失，影响沥青砂材料的黏结性。修补后的坑洞表面平整、密实，无脱落、开裂，不得污染路面。

5.路面保洁的范围和要求

（1）路面（含主线车道、中央分隔带内、匝道等）

1）不得有影响行车安全和影响路容、路貌的杂物、泥沙、碎石、纸屑及其他可见垃圾。

2）中央分隔带不得有泥沙、木屑堆积。路面保洁人员每天必须巡视辖区路段 2~3 次，发现路面障碍物要及时清理，不能清理的要及时汇报现场管理人员。

3）路面上不得有粒径大于 5cm 的可见垃圾物。

4）不得有严重污染（主要指车辆流至路面的汽、柴、机油等）路面。

5）路肩、边坡和平台在整个保洁作业面（指路肩 1.5m 范围及整个平台）内不得有直径 15cm 以上的杂物。

6）护栏上不得挂有任何废弃物，不得有明显油污及其他污迹。

7）全线标线、标志要随时保持良好的反光效果，对因受污染而反光效果差的标线应立即进行清洗。

（2）路基构造物（含砼路肩、沥青路肩、路肩、边沟、平台）

1）硬路肩、拦水带清理。清除硬路肩与拦水带的木屑、细沙、泥石及接缝处的杂草，拦水带外 1.5m 范围内无超过 15cm 高的杂草及可见垃圾。

2）路肩、边坡、平台清理。清除路肩、边坡坡面、平台上的明显杂物（如垃圾袋、一次性饭盒等），保证无任何直径 15cm 以上的杂物。

3）排水系统。及时清理边沟、截水沟、急流槽等排水系统内的杂物、浮土及淤泥，保证排水系统通畅。沟（槽）内无超过 10cm 高的杂草，积泥不超过 10cm 厚或沟深的 1/3。有石块、土块等严重阻水的固体须立即清除外弃，不得随意处理。定期割除急流槽两侧杂草，保证无杂草覆盖。

4）中央分隔带内无超过 15cm 高杂草，左侧路缘带与中央分隔带接缝处无杂草。

5）其他。如发现有崩（塌）方和水毁要及时报告。

（3）沿线设施

砍除遮挡标志牌（限速牌及车距确认牌等）及伸出波形护栏外的路树、刺篱，保证标志牌清晰。

（4）绿化

1）清除上、下边坡第一排花灌木树盘 40~50cm 内的杂草。

2）清除上边坡平台砂浆抹面范围的杂草。

3）清除波形护栏至第一排花树范围内的杂草。

4）清除中分带及路面接缝缘的杂草。

（5）其他

1）按时、按质、按量地完成业主安排布置的工作任务。

2）如遇交通事故，须在事故处理完毕后及时清理事故现场（如任务量较大的则要在现场配合其他人员进行清理）。

3）雨后，路面保洁人员必须上路巡视，清扫和清捡影响行车安全的杂物，发现水毁和险情要及时报告。

第三节　桥梁检查

一、经常检查

（一）准备工作。桥梁养护工程师及其他检查人员上路前要做好准备工作，确定检查重点，带齐检查工具、器材（照相机、卷尺、粉笔、绳子、碳素笔、手电筒、观测仪器等）及所需表格；检查车司机检查车辆，保证安全。

（二）桥梁的经常检查。检查周期根据桥梁技术状况而定，每月不得少于一次；涵洞经常检查，每月对重要构件至少进行两次全面检查，并填写经常性检查记录表；在洪水、冰雪前后及行洪期间应加强检查；对于三类以上的病害桥梁，增加检查次数，每月不少于 2 次；重点桥、特殊结构桥梁视病害严重程度增加检查频次。

（三）检查人员上路应着安全标志服，禁止随意穿行公路，检查车一般以 60km/h 的速度靠慢车道行驶。车上人员禁止与司机打闹、嬉笑，以确保行车安全。检查停车时，司机须在车后 50m 摆放锥形交通标志，并开启警示灯。

（四）桥梁经常检查的内容如下：

1. 外观是否整洁，有无杂物堆积、杂草蔓生。构件表面的涂装层是否完好，有无损坏、老化变色、开裂、起皮、剥落、锈迹。

2. 桥面铺装是否平整，有无裂缝、局部坑槽、积水、沉陷、波浪、碎边；混凝土桥面是否有剥离、渗漏，钢筋是否露筋、锈蚀，缝料是否老化、损坏，桥头有无跳车。

3. 排水设施是否良好，桥面泄水管是否堵塞和破损。

4. 伸缩缝是否堵塞卡死，连接部件有无松动、脱落、局部破损。

5. 扶手、防撞护栏和引道护栏（柱）有无撞坏、断裂、松动、错位、缺件、剥落、锈蚀等。

6. 观察桥梁结构有无异常变形，异常的竖向振动、横向摆动等情况，然后检查各部件的技术状况，查找异常原因。

7. 支座是否有明显缺陷，活动支座是否灵活，位移量是否正常。支座的经常检查一般可以每季度一次。

8. 桥位区段河床冲淤变化情况。

9. 基础是否受到冲刷损坏、外露、悬空、下沉，墩台及基础是否受到生物腐蚀。

10. 墩台是否受到船只或漂浮物撞击而受损。

11. 翼墙（侧墙）有无开裂、倾斜、滑移、沉降、风化剥落和异常变形。

12. 锥坡、护坡、调治构造物有无塌陷，铺砌面有无缺损、勾缝脱落、灌木杂草丛生。

13. 交通信号、标志、标线、照明设施及桥梁其他附属设施是否完好。

14. 其他显而易见的损坏或病害。

（五）涵洞经常检查的内容如下：

进水口是否堵塞、沉砂井有无淤泥、洞内有无淤塞及排水不畅；洞口周围是否有杂物堆积、涵洞是否清洁、漏水；周围路基填土是否稳定和完整；涵洞结构是否有损坏。

（六）检查人员若发现病害，视病害严重情况，采取处理措施，同时向上级领导汇报，核实责任人后即刻下发《养护任务通知单》，通知责任单位进行修复整改。

（七）检查过程中要做到"观察细致，不留死角，判断准确，记录翔实，措施到位，报告及时。"检查中发现的病害及施工现场发现的问题要认真记录到《公路桥梁检查日志》上。

（八）检查过程中，发现重要部件存在明显缺损或严重病害时，应对其进行拍照并妥善保存。

（九）发现四类及以上的桥梁，检查人员要及时向上级领导汇报；在加固维修前要设专人值守，密切观察病害的发展变化情况。

（十）检查时若发现桥梁出现结构性破坏等突发事件，对安全行车造成严重影响的，检查人员应停止检查，按照相关流程，立即报告上级领导，同时使用安全标志进行封闭，保证通行安全。

（十一）检查结束后，桥梁养护工程师负责汇总填写《公路桥梁检查日志》，填写记录内容应注明检查的起始时间，检查路段应以大桥、互通立交桥为控制观察点，以各控制观察点为分界点，注明到达控制点的时间，且内容填写齐全完整，记录真实准确、清楚、及时，签字齐全。每月月末，把填写完整的《公路桥梁检查日志》进行归档。

二、定期检查

（一）定期检查周期根据技术状况确定，最长不得超过三年。新建桥梁交付使用一年后，进行第一次全面检查。

（二）在经常检查中发现重要部（构）件的缺损明显达到三、四、五类技术状况时，应立即安排一次定期检查。

（三）按照《公路桥涵养护规范》（JTGH11－2004）的要求，定期检查以目测观察结合仪器观测进行，要求检查主要工作内容有：

1. 现场校核该桥基本数据。

2. 当场填写《桥梁定期检查记录表》，记录各部件缺损状况并做出技术状况评分。

3. 实地判断缺损原因，确定维修范围及方式。

4. 对难以判断损坏原因和程度的部件，提出特殊检查要求。

5. 对损坏严重、危及安全运行的危桥，提出限制交通或改建的建议。

6. 根据桥梁的技术状况，确定下次检查的时间。

（四）桥梁检查的内容如下：

1. 特大、大型桥梁的控制检测。应在墩台、桥面设立永久性观测点，定期进行控制检测。观测点的相关资料应归档到竣工档案内。

2. 桥面系构造的检查：

（1）桥面铺装层纵、横坡是否顺适，有无严重裂缝、坑槽、波浪、桥头跳车、防水层漏水。

（2）伸缩缝是否有异常变形、破损、脱落、漏水，是否造成明显跳车。

（3）人行道构件、栏杆护栏有无撞坏、断裂、错位、缺件、剥落、锈蚀等。

（4）桥面排水是否顺畅，泄水管是否完好、畅通，桥头排水沟功能是否完好，锥坡有无冲蚀、塌陷。

（5）桥上交通信号、标志、标线、照明设施是否损坏、老化、失效，是否需要更换。

（6）桥上避雷装置是否完善，避雷系统性能是否良好。

（7）桥上的路用通信、供电线路及设备是否完好。

3. 钢筋混凝土和预应力混凝土桥梁的检查：

（1）梁端头、底面是否损坏、箱型梁内是否有积水，通风是否良好。

（2）混凝土有无裂缝、渗水、表面风化、剥落、露筋和钢筋锈蚀，有无碱集料反应引起的整体龟裂现象。混凝土表面有无严重碳化。

（3）预应力钢束锚固区段混凝土有无开裂，沿预应力筋的混凝土表面有无纵向裂缝。

（4）梁（板）式结构的跨中、支点及变截面处，悬臂端牛腿或中间铰部位，刚构的固结处和桁架节点部位，混凝土是否开裂、缺损和出现钢筋锈蚀。

4. 支座的检查：

（1）支座组件是否完好、清洁，有无断裂、错位、脱空。

（2）活动支座是否灵活，实际位移量是否正常，固定支座的锚销是否完好。

（3）支承垫石是否有裂缝。

（4）简易支座的油毡是否老化、破裂或失效。

（5）橡胶支座是否老化、开裂，有无过大的剪切变形或压缩变形，各夹层钢板之间的橡胶层外凸是否均匀。

（6）盆式橡胶支座的固定螺栓是否剪断，螺母是否松动，钢盆外露部分是否锈蚀，防尘罩是否完好。

（7）四氟滑板支座是否脏污、老化，四氟乙烯板是否完好，橡胶块是否滑出钢板。

5. 墩台与基础的检查：

（1）墩台及基础有无滑动、倾斜、下沉。

（2）台背填土有无沉降或挤压隆起。

（3）混凝土墩台及帽梁有无风化、开裂、剥落、露筋等。

（4）基础下是否发生不许可的冲刷或掏空现象，扩大基础的地基有无侵蚀。桩基顶段在水位涨落、干湿交替变化处有无冲刷磨损、紧缩、露筋，是否受到污水、咸水或生物的腐蚀。

（五）桥梁定期检查应提交的资料有：

1. 桥梁定期检查数据表。

2. 典型缺损和病害的照片及说明。

3. 两张总体照片（一张桥面正面，一张桥梁上游侧立面）。

4. 桥梁清单。

5. 桥梁基本状况卡片。

6. 定期检查报告。

（六）涵洞检查的内容如下：

1.涵洞定期检查每年至少进行一次，在接到较大损坏情况的报告后应增加检查次数。

2.涵洞定期检查的内容有：

（1）检查涵洞过水能力，包括位置是否适当、孔径是否足够、涵底纵坡是否合适。若过水能力明显不足，经常造成内涝及路基损毁的，应考虑改造。

（2）进出水口铺砌、翼墙、护坡、挡水墙、沉砂井、护坡等是否完整，洞口连接是否平整顺适，排水是否顺畅。

（3）涵体侧墙是否渗漏、开裂、变形或倾斜，墙身砌体砂浆是否脱落、石块是否松动，基础是否冲刷掏空。

（4）涵身顶部盖板或拱顶是否开裂、漏水、变形下挠，拱顶砌块是否松动脱落。

（5）涵底是否淤塞阻水，涵底铺砌是否完整。

（6）洞口附近填土是否有渗水、冲刷、空洞，填土是否稳定。

（7）涵洞顶路面是否开裂、下沉，行车是否安全。

三、特殊检查

（一）根据桥梁定期检查结果，桥梁定期检查单位提出桥梁特殊检查意见，桥梁出现以下情况需进行特殊检查：

1.定期检查中难以判明损坏原因及程度的桥梁。

2.桥梁技术状况为四、五类者。

3.拟通过加固手段提高荷载等级的桥梁。

4.条件许可时，特殊重要的桥梁在正常使用期间可定期进行荷载试验。

5.桥梁遭受洪水、流水、滑坡、地震、风灾、漂流物或船舶撞击，因超重车辆通过或其他异常情况影响造成损害的，应进行应急检查。

（二）桥梁特殊检查应根据需要对以下三个方面问题做出鉴定：

1.桥梁结构材料缺损状况，包括对材料物理、化学性能退化程度及原因的测试鉴定；结构或构件开裂状态的检测及评定。

2.桥梁结构承载能力，包括对结构强度、稳定性和刚度的检算、试验和鉴定。

3.桥梁防灾能力，包括对桥梁抵抗洪水、流水、风、地震及其他地质灾害等能力的检测鉴定。

（三）桥梁特殊检查报告的主要内容有：

1.概述检查的一般情况，包括桥梁的基本情况、检查组织、时间、背景和工作过程等。

2.描述目前的桥梁技术状况，包括现场调查、试验与检测的目的及方法、检测数据与分析结果和桥梁技术状况评价等。

3.详细叙述检查部位的损坏程度及原因，并提出结构部件和总体的维修、加固或改建的建议方案。

四、应急处置

（一）桥梁突发事件的定义

1.桥梁突发结构性破坏，发生突然坍毁的。

2.人为对桥梁造成破坏，影响桥梁安全、车辆通行安全的。

3.在桥梁范围内发生交通事故，影响桥梁安全的。

4.发生自然灾害，影响桥梁安全的。

5.大件运输、超限、超载车辆通过桥梁，对桥梁造成损害，影响车辆通行安全的。

6.在桥梁养护、施工时，发生安全生产事故，影响车辆通行安全的。

7.由于其他不可预见因素造成桥梁破坏，影响桥梁安全、车辆通行安全的。

（二）现场应急处理

1.现场巡查人员的职责：

（1）在保证自身安全的前提下，立即采取一切可能手段提示过往车辆绕行或停止通行，避免事件影响和损失进一步扩大。

（2）对现场受伤人员进行现场救助，并通知相关医疗机构进行紧急救护。

（3）通知辖段养护负责人（或当日值班领导）和监控中心。

（4）向交警、路政等相关部门通报情况，以便及早采取相应措施。

2.辖段养护负责人（或当日值班领导）接报后，应立即做好以下安排，并尽快赶赴现场：

（1）安排事件地点就近养护人员赶赴现场，同现场巡查人员一同处理未完事宜，并做到向交警、路政等相关部门的情况通报。

（2）进一步判别现场情况，判断事态发展，根据本预案的现场处理程序组织现场的交通控制，如有必要，可向相邻收费站请求支援。

（3）将现场初步情况和事态发展情况向领导口头报告。

3. 监控中心接报，应做好以下几方面：

（1）立即向领导汇报掌握的情况。

（2）通知相邻收费站做好应急支援准备。

（3）接收领导指令，随时准备好利用可变情报板发布信息。

（4）搜集文件处理和发展情况的有关信息，按照"重大信息上报制度"做好信息上报工作。

4. 领导接到求援后，组织力量参加事故发生后的应急检修、抢险、排险、快速修复和恢复重建工作，竭尽全力提供必要的人员、物力、财力和技术支撑。

（三）桥梁突发事件应急交通组织预案

1. 在桥梁出现突发事件或接到桥梁突发事件通知后，养护人员到达桥梁突发事件现场后，应首先对桥梁安全状况进行判别，根据现场实际情况，采取应急措施。

2. 桥面系出现局部突然沉陷、塌陷，宽度小于1车道，桥梁底板、下部结构未发生变形的，应：

（1）立即隔离病害位置车道，实行1车道断交施工，另外2车道维持通行。

（2）按照《公路养护安全作业规程》规定摆放施工安全交通标志，辖段养护负责人（或当日值班领导）协助相关部门组织交通疏导。

（3）养护部门主管领导通知监控中心，在相应可变情报板发布桥梁维修信息。

3. 单幅桥梁下部结构发生倾斜、明显沉陷，结构受力状态明显异常，上部结构桥面系破损宽度大于1（含等于）车道，发生严重变形的，单幅桥梁发生全部或部分坍塌的，应：

（1）立即采取一切可能手段封闭单幅公路，禁止车辆通行，实行单幅断交。

（2）按照《公路养护安全作业规程》规定摆放施工交通安全标志，辖段养护负责人（或当日值班领导）协助相关部门组织交通疏导。

（3）养护部门主管领导口头请示上级领导同意后，由监控中心在相应可变情报板发布绕行信息，通知各相关站口发布绕行信息（绕行信息应标明可选择的绕行线路）。

必要情况下，应封闭有关站口，协调交警部门，禁止全部或部分车型通行。

4. 双幅桥梁同时发生下部结构倾斜、明显沉陷，结构受力状态明显异常；上部结构桥面系破损宽度大于1（含等于）车道，发生严重变形的；桥梁发生全部或部分坍塌的，应：

（1）立即采取一切可能手段封闭双幅公路，禁止车辆通行，实行双幅断交。

（2）按照《公路养护安全作业规程》规定摆放施工交通安全标志，辖段养护负责人（或当日值班领导）协助相关部门组织交通疏导。

（3）养护部门主管领导口头请示上级领导同意后，由监控中心在全线可变情报板发布绕行信息，通知所有站口发布绕行信息（绕行信息应标明可选择的绕行线路）。

（4）由监控中心通知封闭发生突发事件区段两端收费站上口，两端站口应将入口全部改成出口，保证车辆快速通过。其间，发生车辆长期滞留主线，无法下路情况的，启动延伸服务实施方案。

5. 在桥梁维修施工期间，如发生施工点半幅交通堵塞达5km以上，由辖段养护负责人（或当日值班领导）落实情况，在请示领导同意后，可以采取分流方案：

（1）首先通知监控中心，在沿线可变情报板上发布信息，及时告知沿线司乘人员，以便提前选择绕行路线或减速慢行为分流做好准备；同时通知所要分流的收费站，做好配合工作，如增加收费车道、疏导人员等。

（2）通知沿线辖段高速交警、路政部门，在发生交通堵塞路段的前方路口进行分流，在站口进行车辆的疏导工作。

（3）如车流量较大，采用一个路口分流，时间长、压力大时，可及时与监控中心、收费站、交警、路政部门及时沟通，采取多个站口同时分流的方案。

（4）在分流的同时，收费站口遇有疑问的司机要耐心解答，并向其提供可行的绕行路线。

6. 各收费站、养护工程部应对二绕高速周边路网变化及时进行了解，及时对绕行路线进行优化、调整。

7. 在桥梁检查过程中发现四类桥梁的，应按照重大事件上报制度进行上报，对病害位置进行隔离，立即组织专业设计单位对桥梁技术状况进行评价，按照评价结果采用隔离车道、单幅断交、全幅断交的交通组织形式。

（四）壁可注入法修补桥涵构筑物裂缝

1. 施工方法

（1）表面处理

用砂轮机、钢丝刷打磨混凝土表面沿裂缝走向宽约 5 cm 范围，清除水泥翻沫、灰尘及疏松的混凝土块和砂粒，油污要用布蘸稀料擦净，如果潮湿要用喷灯烤干。

（2）注入座的黏结

将 101# 封口胶的两种成分混合搅拌均匀，抹少许在注入座底面四边，将注入孔对正裂缝中心稍加力按压，使其从底面的四个小孔中挤出，注意不要堵塞注入孔，粘好后避免错动注入座。混凝土基底状况不好时可适当扩展座周围的黏结面积并对座进行包覆。根据裂缝的宽度和深度，沿缝的走向按 30~40cm 间距布置，裂缝分岔处应有注入座。

（3）裂缝密封

用 101# 封口胶沿裂缝走向密封 5 cm 宽的范围，厚度应为 1.5mm 以上，尽量一次完成，避免反复涂抹。

（4）密封材料的固化

让其自行硬化（在不同温度下需 4~10h）。

（5）注入

1）用 BL 注入器

将注入器的连接端（蓝色）牢固地安装在注入座上，安装时用力不要过猛，以免损坏座的颈部。将 BL-GROUT 的主剂和硬化剂混合搅拌均匀，用黄油枪或其他小型泵类工具通过过滤头连接注入器的注入端（白色），开始注入，当橡胶管膨胀充满限制套时停止注入。如注入器膨胀后收缩较快，说明该处裂缝深，缝内空间大，要补灌。

2）用 DD 注入器

先将注入器注满后，将其安装到注入座上。

（6）清洗注入工具

用稀料清洗注入工具。

（7）注入材料的固化

让注入材料自行固化（一般需 10~24h），可用手捏注入管随时了解固化情况。

（8）后期处理

固化后敲掉注入器和注入座，如有必要，用砂轮机把封口胶打磨平整。

2.各工序检验标准

（1）表面处理

沿裂缝走向宽5cm的范围内无水泥翻沫、灰尘、油污、疏松的混凝土块、不牢固的砂粒，混凝土表面和缝内干燥。

（2）注入座的黏结

注入座布置正确。封口胶呈均匀一致的灰色。底板的四个小孔中均有胶挤出，底板下无空洞、蜂窝等缺陷。注入孔畅通，注入座颈部的小突起和橡胶圈上没有附着的胶。

（3）裂缝密封

密封的宽度、厚度大致均匀，无空洞、蜂窝。

（4）注入

各注入座不残不断，黄油枪及管路密封良好。注入过程中封口胶密封的部分不渗漏，各注入器均能保持膨胀状态。

（5）清洗工具

清洗后的黄油枪活塞、阀门运转灵活，螺纹配合良好，管路通畅。

3.注意事项

（1）当施工温度在5℃~15℃时，密封胶#101及注入胶BL-GROUT应选用W型（冬季用）。原则上应在5℃以上施工。如遇特殊情况需在0℃~5℃施工时，应采取保温措施，比如：在工点搭设施工棚，取暖保温。

（2）在0℃以下，不能施工。

（3）对潮湿、渗水或处于静止水中的裂缝，只需将上述的#101封口胶和BL-GROUT注入胶分别替换为WB-SEAL封口胶和WB-GROUT注入胶即可。如果裂缝是在发展中或可能发展，灌注胶要使用BL-GROUT100。

第四节　桥梁养护方案

一、总则

（一）养护管理的目的和原则

为保证道路的畅通无阻，必须加强对已建成使用的桥梁及构造物的检查、保养和维修，使其始终处于良好的技术状态，确保其使用寿命。因此，为保证已有公路的正常运营，桥梁的养护与维修工作十分重要。

（二）养护管理的原则

1. 认真开展路况桥况调查，分析桥梁的技术状况，针对病害产生的原因和后果，采取有效、先进、经济的技术措施。

2. 在工程实施中所采用的材料、设备与工艺，应符合规范的相应要求，加强养护工作的各种材料试验及施工质量检验，确保工程质量。

3. 推广路面、桥梁管理系统，逐步建立道路数据库，实行病害控制，实现决策科学化，使现有的资金发挥最大的经济效益。

4. 推广实施道路桥梁科学养护与规范化管理，改变现有道桥面貌，提高路桥的整体服务水平。

5. 认真做好交通情况调查工作，积极开发，采用自动化观测和计算机处理技术，为道路规划、设计、养护、管理、科研及社会各方面提供全面、连续、可靠的交通情况信息资料。

6. 改革养护生产组织形式，管好、用好现有的养护机具设备，积极引进、改造、研制养护机械，逐步实现养护机械装备标准化、系列化，以保障养护工作质量，提高养护生产效率，降低劳动强度，改善劳动环境。

7. 加强对交通工程设施（包括标志、标线、通信、监控等）、收费设施、服务管理设施等的维修、更新工作，保障道路应有的服务水平。

（三）养护工程分类与管理

桥梁的养护按其工程性质、规模大小、技术性繁简划分为小修保养、中修、大修和改善四类。

1. 小修保养工程

对公路桥梁及其一切工程设施进行预防保养和修补其轻微损坏部分，使之经常保持完好状态。它通常按月（旬）安排、计划每日进行的工作。

2. 中修工程

对公路桥梁工程设施的一般性磨损和局部损坏进行定期的修理加固以恢复原状的小型工程项目。它通常按年（季）安排计划并组织实施。

3. 大修工程

对公路桥梁设施的较大损坏进行周期性的综合修理，以全面恢复到原设计标准，或在原技术等级范围内进行局部改善和个别增建以逐步提高其通行能力的工程项目。它通常是根据批准的年度计划的工程预算来组织实施。

4. 改善工程

对公路桥梁及其工程设施因不适应交通量和载重需要而分期逐段提高技术等级，或通过改善显著提高通行能力的较大工程项目。它通常由地区园林机构或省级园林机构根据批准的计划和设计预算来组织实施或招标完成。

二、一般规定

常规定期检测应包括下列范围：

桥面系：桥面铺装、桥头搭板、伸缩装置、排水系统、人行道、护栏等。

上部结构：主梁、主桁梁、主拱圈、横梁、横向联系、主节点、挂梁、联结件等。

下部结构：支座、盖梁、墩身、台帽、台身、翼墙、锥坡及河床冲刷情况。

（一）桥梁检查

日常检查主要指对桥面设施及附属构造物的技术状况进行的检查。检查周期根据桥梁技术状况而定。据《桥梁检测和养护维修办法》及以桥梁养护要求设定日常检查周期。日常检查采用目测方法，配以照相机、望远镜等简单工具量测，当场填写《桥梁日常巡查日报表》，现场要登记所检查项目的缺损类型，估计缺损范围及养护工作量，提出相应的小修保养措施，为编制《桥梁养护（小修保养）计划》提供依据。

（二）桥梁检测

1.定期检测

定期检测为评定桥梁使用功能、制订管理养护计划提供基本数据，对桥梁主体结构及附属构造物的技术状况进行全面检测，为桥梁养护管理系统搜集结构技术状态的动态数据。检测周期根据桥梁技术状况而定，规范要求的定期检测周期为每年一次。定期检测配以照相机、望远镜、游标卡尺、刻度放大镜、敲击小锤等简单工具观测，必须接近各部件仔细检测其缺损情况，提交定期检查报告。

2.特殊检测

桥梁特殊检测应委托有相应资质和能力的单位承担。

（三）桥梁评定

按桥梁检查和评定的主要内容和基本要求对桥梁进行检查，系统地掌握其技术状况，及时发现缺损和相关环境的变化。根据桥梁检查结果，对桥梁技术状况进行分类评定，制订相应的养护对策。建立桥梁管理系统和桥梁数据库，健全桥梁养护技术档案，实施病害监控，实行科学决策。

1.桥梁一般评定

一般评定是依据桥梁定期检查资料，通过对桥梁各部件技术状况的综合评定，确定桥梁的技术状况等级，提出各类桥梁的养护措施。

2.桥梁适应性评定

适应性评定包括以下内容：依据桥梁定期以及特殊检查资料，结合试验与结构受力分析，评定桥梁的实际承载能力、通行能力、抗洪能力，提出桥梁养护、改造方案。适应性评定应由市级公路桥梁管理机构委托有相应资质及能力的单位进行。

3.桥梁技术状况等级评定

桥梁的定期检查结束后，应对桥梁的技术状况等级进行评定，以一般评定方法为主，评定和分类标准如下：

Ⅱ～Ⅴ类养护的桥梁技术状况的评估包括：桥面系、上部结构、下部结构和全桥评估。应采用先部分再综合的方法评估。

Ⅱ～Ⅴ类养护的桥梁的完好程度，应以桥梁状况指数 BCI 确定桥梁技术状况的评估指标，并应符合相关规定。

三、技术管理规定

（一）一般规定

桥梁的养护应包括桥梁及其附属设施的检测评估、养护工程及建立档案。

（二）桥梁应根据类别、等级和技术级别进行养护。

（三）根据桥梁在道路系统中的地位，桥梁养护类别宜分为以下五类：

Ⅰ类养护的桥梁——特大桥梁及特殊结构的桥梁。

Ⅱ类养护的桥梁——城市快速路网上的桥梁。

Ⅲ类养护的桥梁——城市主干路上的桥梁。

Ⅳ类养护的桥梁——城市次干路上的桥梁。

Ⅴ类养护的桥梁——城市支路和街坊路上的桥梁。

根据各类桥梁在城市中的重要性，本着"保证重点，养好一般"的原则，桥梁养护等级宜分为Ⅰ等、Ⅱ等、Ⅲ等。养护等级及养护、巡检要求应符合下列规定：

1. Ⅰ等养护的桥梁应为Ⅰ～Ⅲ类养护的桥梁及Ⅳ、Ⅴ类养护的桥梁中的集会中心、繁华地区、重要生产科研区及游览地区附近的桥梁。应重点养护，巡检周期不应超过1天。

2. Ⅱ等养护的桥梁应为Ⅳ、Ⅴ类养护的桥梁中区域集会点、商业区及旅游路线或市区之间的联络线、主要地区或重点企业所在地附近的桥梁，应有计划地进行养护，巡检周期不宜超过3天。

3. Ⅲ等养护的桥梁应为Ⅴ类养护的桥梁及居民区、工业区的主要道路上的桥梁。可一般养护，巡检周期可在7天左右。

根据桥梁技术状况、完好程度，对不同养护类别，其完好状态等级划分及养护要求应符合下列规定：

Ⅰ类养护的桥梁完好状态宜分为两个等级：

合格级——桥梁结构完好或结构构件有损伤，但不影响桥梁安全。应进行保养、小修。

不合格级——桥梁结构构件损伤，影响结构安全，应立即修复。

Ⅱ～Ⅴ类桥梁完好状态宜分为五个等级：

A 级——完好状态，BCI 达到 90~100，应进行日常保养。

B 级——良好状态，BCI 达到 80~89，应进行日常保养和小修。

C 级——合格状态，BCI 达到 66~79，应进行专项检测后保养、小修。

D 级——不合格状态，BCI 达到 50~65，应检测后进行中修或大修工程。

E 级——危险状态，BCI 小于 50，应检测评估后进行大修、加固或改善工程。

（四）桥梁养护部门应建立养护档案，并应符合下列规定：

1. 桥梁养护档案应以一座桥梁为单位建档。

2. 养护档案应包括下列内容：桥梁主要技术资料，施工竣工资料、养护技术文件、巡检、检测、测试资料、桥梁自振频率、桥上架设管线等技术文件及相关资料。

3. 养护档案管理工作宜逐步实行电子化、数据化、利用多媒体技术，有条件的城市可建立信息管理系统、数据库。

4. 桥梁应安全、完好、整洁；夜间照明应符合有关标准的要求；各种指示标志应齐全、清晰。人行天桥、立交桥、高架路、隧道、通航河道上的桥梁必须设桥下限高的交通标志；立交桥、跨河桥应设限载牌。

（六）隧道的防水、排水、通风、照明、防火和防汛等设施，必须齐全有效。

（七）Ⅰ类养护的桥梁，必须设专人负责日常巡检，每季定期检测。有条件的城市可采用自动化监测系统设点测控，应随时掌握桥梁技术状况和中长期发展趋势。

（八）桥梁粉饰、灯光装饰和绿化应统一安排、整体规划，不得影响检修保养和影响桥梁耐久性；不得危及桥梁、车辆、行人的安全。

（九）在桥梁上增加静荷载（构筑物、风雨篷、广告牌、管线等）必须满足桥梁安全技术要求。

第六章　工程施工测量

铁路、公路、石油与燃气管线、输电线及索道工程等是基础设施建设中常见的线路工程，线路施工测量的主要任务是测设出作为施工依据的桩点平面位置和高程，其主要内容包括中线测量，纵、横断面测量，带状地形图测量，施工放样，竣工测量等。

第一节　线路工程施工测量

一、概述

线路工程主要包括铁路与公路工程，桥涵工程，城市道路及上、下水管工程，架空输电线路及输油管道工程，水渠工程等。线路工程测量的主要内容有以下几项。

（一）收集资料

主要收集线路规划设计区域内各种比例尺地形图及原有线路工程的平面图和断面图等。

（二）线路选线

在原有地形图上并结合实地勘察进行规划设计和图上定线，确定线路的走向。

（三）线路初测

对所选定的线路进行导线测量和水准测量，并测绘线路大比例尺带状地形图，为线路的初步设计提供必要的地形资料。

（四）线路定测

定测是将初步设计的线路位置测设到实地上。定测的任务是确定线路平、纵、横三个面上的位置，其工作包括中线测量和纵、横断面测量。

（五）线路施工测量

按照设计要求，测设线路的平面位置和高程位置，以其作为施工的依据。

（六）线路竣工测量

将竣工后的线路工程通过测量绘制成图，以反映施工质量，并将其作为线路使用过程中维修管理、改建扩建的依据。

二、线路勘测阶段的测量工作

线路勘测任务可分为初测和定测。初测为初步设计提供相关资料，初测对初步设计方案中认为有价值的线路进行实测，即进行实地选点，定出线路方向，沿线进行导线测量和水准测量，并测绘带状地形图。定测是在初步设计批准后，结合现场的实际情况确定线路的位置，并为施工设计收集必要的资料。

（一）线路初测

初测工作包括插大旗、导线测量、高程测量、地形测量。初测在线路的全部勘测工作中占有重要的位置，它决定着线路的基本方向。插大旗即根据方案研究中，在大小比例尺地形图上所选线路位置，在野外用"红白旗"标出其走向和大概位置，并在拟定的线路转向点和长直线的转向处插上标旗，为导线测量及各专业调查指出进行的方向。初测高程测量的主要工作包括基平测量和中平测量，基平测量是沿线路布设水准点，作为线路高程控制网；中平测量是测定沿线各导线点、百米桩及加桩点的高程，用以绘制线路纵断面图和专业调查。基平测量应不远于 30 km，与国家水准点或等级相当的其他水准点联测一次，并构成符合水准线路。中平测量可采用单程水准测量，以基平测量所测水准点为基准布设成符合水准线路。由于百米桩、加桩等间距较小，因此测量中采用工程水准测量的方法。

（二）线路定测

新线定测阶段的测量工作主要有中线测量、线路纵断面测量、线路横断面测量。中线测量是把在带状地形图上设计好的线路中线测设到地面上，并用木桩标定出来。中线测量包括放线和中状测设两部分工作。放线是把纸上各交点间的直线段测设于地面上；中桩测设是沿着直线和曲线详细测设中线桩。放线常用的方法有拨角放线法、支距放线法、极坐标法和 RTK 法。

拨角放线法是根据纸上定线交点的坐标，预先在内业计算出两相交点间的距离及直线的转向角，然后根据计算资料在现场放出各个交点，定出中线位置。拨角放线法在放样工作中可循序渐进，较其他方法放样导线工作量小、效率高，并且放线点间的距离和方向均采用实测值，放样中线的相对精度不受初测值的影响，可减少初测导线的工作量并提高放样中线的质量。通过与初测导线点或国家平面控制点联测能及时发现工作中可能出现的错误，这种方法适用于无初测导线的任何测区。

支距放线法适用于地形不太复杂且初测导线与设计的线路中线相距较近的地区。该方法的基本原理是在设计图上量出初测导线点和线路中心线点的支距，然后根据支距和实地的初测导线点点位进行实在放样。

目前电子全站仪（TPS）或电磁波测距仪的应用使放点变得更加方便、快捷。全站仪极坐标法放样简单灵活，适用于中线通视差的测区。但放样工作量大，放样到实地上的中线相对精度不高，并且由于用初测导线点直接定测各放样点，比其他放样法要求初测导线点的密度大，测量精度高，最后亦要通过穿线来确定直线段的位置。RTK 法更加灵活方便，不需要测点之间的相互通视。

（三）线路施工测量

线路施工测量的主要任务是测设出作为施工依据的桩点的平面位置和高程。这些桩点是指标志线路中心位置的中线桩和标志路基施工边线的边桩。线路中线桩在定测时已在地面标定，但由于施工与定测间相隔时间较长，往往桩点已丢失、损坏或移位，在施工之前必须进行中线的恢复工作和对定测资料进行可靠性和完整性检查，这项工作称为线路复测。修筑路堤之前，需要在地面上把路基工程界线标定出来，这项工作称为路基边坡放样。

1.线路复测

线路复测工作的内容和方法与定测时基本相同。施工复测前，施工单位应检核线路测量的有关图表资料，会同设计单位进行现场桩橛交接。主要桩橛有直线转点、交点、曲线主点、有关控制点、导线点、水准点等。

线路复测内容包括转向角测量、直线转点测量、曲线控制桩测量和线路水准测量。其目的是恢复定测桩点和检查定测质量，而不是重新测设，所以要尽量按定测桩点进行。若桩点有丢失和损坏，则应予以恢复；若复测和定测成果的误差在允许范围之内，则以定测成果为准；若超出允许范围，应查找原因，确定证明定测资料错误或桩点位移时，方可采用复测资料。

2.护桩设置

中桩点在施工中将被填挖掉，因此在线路复测后，路基施工前，对中线的主要控制桩（如交点、直线转点及曲线五大桩）应设置护桩。护桩位置应选在施工范围以外不易被破坏的地方。一般设两根交叉的方向线，交角不小于60°，每一方向上的护桩不少于3个，为便于寻找护桩，护桩的位置用草图及文字做详细说明。

3.路基边坡放样

路基横断面是根据中线桩的填挖高度和所用材料在横断面上画出的。路基的填方称为路堤；挖方称为路堑；在填挖高度为0时，称为路基施工零点。

路基施工填挖边界线的标定，称为路基边坡放样。它是用木桩标出路堤坡脚线或路堑坡顶线到线路中线的距离，作为修筑路基填挖方开始的范围。设计横断面与地面实测横断面线之间所围的面积就是待施工（填或挖）的面积。根据相邻两个横断面面积和断面的间距，就可计算施工土方量。

（四）竣工测量

阶段性竣工测量的主要内容包括中线测量、高程测量和横断面测量。

1.中线测量。首先根据护桩将主要控制点恢复到路基上，进行线路中线贯通测量。在有桥、隧的地段，应从桥梁、隧道的线路中线向两端引测贯通。贯通测量后的中线位置，应符合路基宽度和建筑物接近限界的要求。对曲线地段，应交出交点，重新测量转向角，当新测角值与原来转向角值差在允许范围内时，仍采用原来的资料。

2.高程测量。竣工时应将水准点引测到稳固建筑物上，或埋设永久性混凝土水准点，其精度与定测时要求相同，全线高程必须统一，中桩高程按复测方法进行，路基高程与设计高程之差不应超过5 cm。

3.横断面测量。主要检查路基宽度，侧沟、天沟的深度，宽度与设计值之差不得大于5 cm；路基护道宽度误差不得大于10 cm，若不符合要求且误差超限应进行整修。

三、曲线测设

无论是铁路、公路，还是地铁隧道和轻轨，由于受到地形、地物、地质及其他因素的限制，经常要改变前进的方向。当线路方向改变时，在转向处需用曲线将两直线连接起来。

因此，线路工程总是由直线和曲线所组成。曲线按其形式可分为圆曲线、缓和曲线、回头曲线和竖曲线等。

圆曲线又分单曲线和复曲线两种。具有单一半径的曲线称为单曲线，具有两个或两个以上不同半径的曲线称为复曲线。

在一般情况下，为了保证车辆运行的安全与平顺，都要在直线与圆曲线之间设置缓和曲线。缓和曲线的曲率半径是从 ∞ 逐渐变到圆曲线半径 R 的变量。

由于线路要克服各种地形障碍，为满足行车要求，有时线路一次改变方向 180° 以上，这种曲线称为回头曲线。当相邻两段直线段存在不同坡度时，也必须有曲线连接，这种连接不同坡度的曲线称为竖曲线。

第二节　桥梁工程施工测量

一、概述

桥梁工程在勘察设计、施工和运营管理各阶段所进行的测量工作称为桥梁测量。在各阶段，测量的复杂程度因桥梁的类型、大小、长短与河道地形情况而异，在通常情况下，桥梁的跨度越大、河流越宽，则施工测量的难度就越大。目前的许多长江大桥、跨海大桥，由于其施工工艺等发生了很大的变化，对施工测量也提出了新的要求。

在勘测设计阶段，为了选择桥址，需要搜集或测绘比例尺为 1∶25000 或 1∶50000 的地形图，为桥梁设计需测绘较大比例尺（1∶10000）的桥渡位置图及 1∶1000 或 1∶500 的桥址地形图，并选择水文断面测定水深、流向、流速及计算流量。由于桥梁工程需要和陆地的公路进行连接，因此，在勘测设计阶段所测绘的地形图其坐标系应相互一致，以避免出现路、桥不能连接等问题。

在施工阶段，测量的主要工作是建筑物的放样。为此，首先应建立施工平面和高程控制网点，用以放样桥梁中线、基础桩、墩台、塔柱等。对于深水河道一般采用测角网、测边网、边角网建立平面控制，也可利用 GPS 建立平面控制网。高程控制网一般采用水准测量方法建立，在施工区域合宜的地方布设基准点（还兼作运营阶段沉降观测的高程依据）与施工水准点。为使河流两岸的高程基准一致，需进行跨河水准测量，跨河水准测量可采用水准仪倾斜螺旋法或经纬仪倾角法和光学测微法等进行对向观测。桥墩在施工时的定位测量可采用前方交会角差图解法、前方交会法、距离交会法等。

目前，由于全站仪的普遍使用，放样工作一般都采用全站仪坐标法进行，利用钢尺直接丈量或间接测距的方法检核放样点之间的相对关系。对于基础桩的放样也可利用 RTK 进行。

施工中除了检测围囹、沉箱、沉井的稳定性之外，需要随着它的下沉，测定其在平面上的偏移值、下沉深度及倾斜度。桥梁墩台竣工后，应测定其中心的实际坐标及其间的实际距离，进行水准测量，建立墩台顶上的水准点，检查墩台顶各处和垫石的高程，丈量墩台各部分的尺寸，绘制竣工平面图，编制墩台中心间距和墩台顶水准点高程一览表，为架设上部结构提供资料。上部结构架设的测量工作有支座底板的放样、纵轴线的检查、主柱竖直性的检查及拱度测定等。架设完毕后，应对它进行竣工测量，编绘平面图、拱度曲线图、纵断面图等。

在运营管理阶段，为了保证行车安全和及时维修加固，应观测墩台的沉陷和水平位移。沉陷观测采用精密水准测量。墩台沿上下游方向的水平位移，可利用视准线法和波带板激光准直法测定，墩台顺桥中线方向的位移观测，应用特制的钢线尺或精密光电测距仪测定。

上部结构各节点在竖直方向的变形值用水准测量方法测定。沉陷和位移观测需要定期进行，初始周期应短些，其后可适当增长。

二、施工测量基本内容

（一）施工控制网的建立与维护

施工控制网包括平面控制网和高程控制网。平面控制网一般采用三角网或 GPS 网方式建立，其网型和精度根据工程的具体布局和特点制订，对于特大型桥梁，目前平面控制网的最弱点点位精度通常控制在 ±5 mm 以内。为保证工程的施工精度和放样工作的方便，平面施工控制网需根据桥梁的工程特点投影到特定的高程面上。平面控制网点一般都需建立混凝土标墩，并埋设强制归心底盘。由于大型桥梁的施工期较长，各标点应建立在稳固的基础上，以确保控制点的稳定性。在基础松软地区，控制点基础一般应埋设钢管，以提高控制点的稳定性。

高程控制网一般采用精密水准测量方法建立，为使两岸的高程系统严格一致，需进行跨河水准测量。在高程控制网平差时，一般只选用某一岸的一个点作为基准点。当两岸都有高级水准点时，由于通常不清楚它们之间是否存在系统差，因此，首次观测时一般仍用一个点作为已知点，只有当通过联测确认其不存在系统差时，才能将其都作为已知点使用。

为使高程控制点得到有效的检核，在施工区域附近应设置高程工作基点。由于大型桥梁的施工期较长，且施工过程中难免对控制点稳定性带来一定的影响，因此，施工控制网应根据实际情况进行全面复测。在施工过程中，对常用的控制点也应进行必要的检测。控制网复测时，一般要求采用相同的网形和观测纲要，并严格要求坐标系统的统一。但由于施工进度和控制点的实际使用情况的差异，网形一般会发生一些变化。

由于首级施工控制网点间距大、密度相对较小，一般不能完全满足施工测量的需要，因此，施工单位应根据实际需要加密控制点。加密控制点的精度应满足工程放样的实际需要，并应有必要的检核。

（二）桥墩基础施工测量

桥墩基础的放样可根据工程的实际需要采用常规测量技术或 RTK 技术。在基础桩定位精度要求较高时，宜采用全站仪放样。桥墩基础施工测量的主要内容包括：

（1）钢管桩定位、垂直度和倾斜度控制测量、标高控制测量、打入后桩顶中心与标高测量。

（2）平台施工放样及稳定性的定期检测。

（3）导向架定位测量。

（4）钢护筒定位、垂直度控制测量、标高控制测量、钢护筒下沉就位后的中心测量与顶面标高测量。

（5）承台施工放样与中心位置测量。

（三）引桥及主桥塔柱施工测量

塔柱放样主要控制塔柱的平面位置、垂直度和方向，另外，对塔柱顶部或其他变化部位的高程加以控制。塔柱平面位置的放样一般采用全站仪坐标法进行，当控制点不满足放样要求时，也可采用 GPS（静态）加全站仪的放样模式。塔柱高程的控制可采用精密三角高程方法，也可采用钢尺传递的方法。

塔柱顶部的支座应采用精密方法测定其位置和高程，并用其他方法进行校核。斜拉桥索导管的定位主要控制其平面位置、高程和倾斜角。主塔中的索导管定位直接关系到主桥的质量，其放样精度高、难度大，定位测量应认真仔细，并用恰当的方法检核。索导管平面位置一般用全站仪坐标法测定，用交会法或其他控制点进行检核。其高程一般采用精密三角高程方法测定，并用钢尺传递高程进行检核。倾斜角用高差测量方法进行控制。

（四）塔柱变形监测

为保证主桥的线形，在架设钢箱梁过程中应测量塔柱的变形情况。塔柱变形一般采用全站仪坐标法进行，该法需在塔顶合适部位预设监测标点，并架设全反射棱镜。塔柱变形监测一般在钢箱梁吊装过程中进行，在某些特殊工况下应进行 24 h 连续跟踪测量。

（五）引桥桥面测量

在引桥桥面架设的各阶段应对桥面的中心位置和标高进行测定。在预制梁（或现浇梁）架设后应首先测定其中心位置和标高，在施加预应力后应测定每跨两端及中间的标高。在调平层施工前后都应对全线引桥的标高进行测定，测定方法一般采用水准测量方法。

（六）主桥钢箱梁架设施工测量

钢箱梁架设中的测量主要是控制桥轴线的位置和主桥的线形，另外对主塔的变形应进行监测。主桥的轴线控制一般采用全站仪坐标法进行，利用合适的控制点进行测量，并用恰当的控制点进行检核。主桥线形的测定一般采用水准测量方法进行，在每节钢箱梁吊装的每个工序都应对主桥的已成线形进行测定。在主桥合龙时，应对合龙段进行 24 h 跟踪测量及主桥全线的贯通测量，并根据实际情况对大桥受日照等的影响进行监测。

（七）交工验收测量

当某一工程部位完工后，应对该工程部位进行交工验收测量。交工验收测量的内容和要求主要按《大桥工程专项质量检验评定标准》执行。大桥主塔的测量验收内容主要包括：承台及塔柱外形尺寸、平面位置、各部位标高、横梁标高及平整度、轴线偏位、塔柱倾斜度等，采用全站仪坐标法和精密水准测量方法进行检测。主桥的交工验收测量主要包括主桥的线形和轴线偏位，采用水准测量方法检测主桥的线形，采用全站仪坐标法检测轴线的偏位。引桥的交工验收测量主要包括引桥的线形、各部位的标高和桥面平整度，一般用水准测量方法检测引桥的标高和平整度。

变形监测是指对被监视的对象（变形体）进行测量，以确定其空间位置或形态随时间的变化特征。变形监测又称变形测量或变形观测。变形体主要包括桥梁的墩台、塔柱和桥面等。桥梁变形观测是桥梁运营期养护的重要内容，对桥梁的健康诊断和安全运营有着重要的意义。

第七章　施工测量的基本工作

第一节　施工测量的概述

一、施工测量的特点

各种工程在施工阶段所进行的测量工作，统称为施工测量，其主要内容包括建立施工控制网、施工放样、检查验收测量、变形监测和竣工测量等。

将图纸上设计的建（构）筑物的平面位置和高程，按要求的精度在实地上标定出来，这项测量工作称为施工放样，也称为测设。放样工作的质量将直接影响到建（构）筑物尺寸和位置的正确性，只有正确地进行放样，才能保证工程按设计要求施工。所以，放样在工程建设中占有重要地位，也是测绘工作的主要内容之一。

在施工放样前，测量人员首先应熟悉建（构）筑物的总体布置图和详细设计图，找出主要轴线和主要特征点的设计位置以及各建筑物之间的关系，然后以地面控制点为依据，算出这些待放样点至附近控制点的水平距离、水平角度和高差等放样数据，将这些点在实地标定出来。因此，放样（或测设）与地形图测量的过程正好相反。施工测量的精度一般要高于地形图测量的精度。同时，施工测量受施工现场环境因素的干扰较大，各项测量工作的精度要求也不相同。为了满足施工需要，测量人员应熟悉施工设计要求，掌握施工进度，按要求的精度和速度完成各项施工测量工作。

二、施工测量的精度要求

施工测量的精度要求由建筑限差来确定。所谓建筑限差，是指工程建筑物竣工之后，其实际位置相对于设计位置的极限偏差。建筑限差应按不同的建筑物结构和用途，依据我国现行的工程施工标准，如《混凝土结构工程施工及验收规范》《钢筋混凝土高层建筑结构设计与施工规程》《建筑安装工程施工及验收技术规范》等的具体要求确定。对于一般工程，混凝土柱、梁、墙的施工总误差允许为 10~30 mm；对于高层建筑物轴线的倾斜度要求高于 1/1000~1/2000；钢结构施工的总误差随施工方法不同，允许误差在 1~8 mm 之间；土石方施工的允许误差可达 100 mm；对于特殊要求的工程项目，其设计图纸都有明确的限差要求。

将建筑限差的一半作为工程建筑的点位总误差，它由控制点误差、放样误差和施工误差三部分组成。一般来说，当控制点误差不超过上述总误差的 1/3 时，其误差影响可以忽略；放样误差和施工误差的大小与测量方法及施工环节有关，为了确保放样误差不会对工程质量造成显著影响，应使放样误差小于施工误差。根据这一原则制订上述三项误差的合理比例关系，以确定施工测量的必要精度。

三、施工测量的新技术

（一）电磁波测距和电子测角技术

电磁波测距具有精度高、速度快、受地形影响小、操作方便等特点，在很多场合已完全取代了钢尺量距。电子经纬仪采用数字显示读数，并可自动记录、存储数据，精度与光学经纬仪相当。集电子测绘和电子测角为一体的全站仪可使测量工作实现自动化和内、外业一体化，目前全站仪已广泛应用于施工测量中。

（二）激光技术

激光具有亮度高、方向性强、单色性好、相干性好等特性，测量用的激光定位仪器大都使用氦－氖激光器发光。施工测量常用的测量仪器有激光指向仪、激光水准仪、激光经纬仪、激光铅垂仪、激光平面仪、激光测距仪等。激光仪器测量精度高、工作效率高，已广泛应用于建筑施工、水上施工、地下施工、精密安装等测量工作中。

（三）全球定位系统（GPS）技术

全球定位系统具有精度高、速度快、操作方便、全天候等特点，而且测站之间无须通视，能提供三维坐标。在施工测量中，全球定位系统技术可应用于施工控制网的建立、建筑物的定位、高层建筑的放样、桥梁隧道的放样、道路放样、水库大坝的放样、施工过程的变形观测、检查验收测量等工作。

（四）地理信息系统

地理信息系统是对有关地理空间数据进行输入、处理、存储、查询、检索、分析、显示、更新和提供应用的计算机系统，具有信息量大、更新快捷和使用方便等特点。在施工测量中，可将地理信息系统技术与工程相结合，建立相应的工程测量信息系统，进行控制选点、施工平面布置、绘制断面图、计算土方量、检查施工状况、编制施工竣工资料等工作。

第二节　放样的基本工作

一、放样已知水平距离

放样已知水平距离就是从地面一直线的起点开始，沿直线方向定出另一点，使两点间的水平距离等于给定的已知值。放样水平距离的测量工具有钢尺、测距仪、全站仪等。

（一）一般方法

例如，A 为平整地面上的已知点，D 为设计的水平距离（已知放样距离），B 为从 A 点开始沿 AB 方向测设水平距离 D 后，待标定的另一端点。放样步骤为：

（1）将钢尺的零点对准 A，沿 AB 方向将钢尺抬平拉直，在尺面读数为 D 处插下测钎或吊垂球，在地面上标定出 B'。

（2）将钢尺移动 100~200mm，重复（1）的操作，在地面上标定出 B''。

（3）取两次测设的平均位置作为 B 点标志。

（二）精确方法

当放样精度要求较高时，可按精确方法放样水平距离。放样步骤为：

（1）按一般方法在地面上标定出点 B'。

（2）精密丈量 AB' 的倾斜距离，并加入尺长改正 ΔD、温度改正 ΔD 和倾斜改正 ΔDA，计算 AB' 的精确水平距离。

$$D'=D+\Delta D'+\Delta D+\Delta DA$$

（3）计算改正数 $AD=D'-D$；当改正数 ΔD 的绝对值大于 1 m 或地面有坡度时，应在改正数 ΔD 中再加入相应的尺长改正、温度改正和倾斜改正，但改正值的符号与量距改正时刚好相反。

（4）改正距离。自点 B' 开始，沿 AB' 方向量距 ΔD。当 $\Delta D > 0$ 时，向内改正，反之，则向外改正，以确定精确位置 B。

（三）全站仪放样法

用全站仪放样已知水平距离时，首先应对仪器设置正确的加常数和气象改正，在给定的直线方向上移动反射棱镜的位置，当显示的水平距离测量值等于已知值时，在棱镜正下方地上标定出待定点位置 B。

二、放样已知水平角

放样已知水平角是根据地面上一点和一条给定方向线，用经纬仪或全站仪在地面上标定出另一条方向线，使得两条方向线间的水平夹角等于给定的水平角值。

（一）一般方法

例如，A 为已知点，AB 为已知方向，β 为放样角，AC 为待标定的方向线。用一般方法测试方向线 AC 的步骤为：

（1）在 A 点安置经纬仪或全站仪，用盘左位置瞄准 B 点，使水平度盘读数为 $0°00'00''$ 或读取度盘读数为 a_1。

（2）转动照准部至水平度盘读数为 $b_1=\beta$ $b_1=1/a_1+\beta$ 时，固定望远镜，沿视线方向在地面上作标志 C'。

（3）倒转望远镜，用盘右位置瞄准 B 点，读取度盘读数 a_2；

一般方法测设水平角转动照准部使水平度盘读数为 $b_2=a_2+\beta$。重复以上操作，在地面上做标志 C''。连线 $C'C''$，取 $C'C''$ 的中点 C，则 AC 与两方向线之间的夹角就是要放样的水平角。

（二）精确方法

当放样精度要求较高时采用归化法。其测设步骤为：

（1）待放样角度为 β，在 A 点安置经纬仪或全站仪，以 AB 为已知方向线，用一般方法仅以盘左标定出 C' 点。

（2）用测回法精确测量水平角 $<BAC'$ ，设为 β' ；量出 AC' 之间的水平距离 DAC' 。

（3）计算 β' 与设计水平角值 β 之差值为 $\Delta\beta=\beta-\beta_1$ ，计算 C 点处的垂线改正数 $C'C$ ：

$$C'C=（\Delta\beta/\rho）DAC'$$

式中， $\Delta\beta$ 以秒为单位， $\rho=206265''$

用钢尺从 C'' 点开始沿 AC' 的垂线方向量距 $C'C$ ，标定出 C 。当 $\Delta\beta>0$ 时，向角度内调整；反之，向角度外调整。则水平角 $\angle BAC$ 为精确标定的水平角 β 。

三、放样已知高程

（一）一般方法

放样已知高程的一般方法是采用水准仪测设法，根据地面上已知水准点的高程和设计高程，在实地标出设计高程的标志线。

例如，已知水准点 A 的高程为 H_0 ，欲在附近 B 点测设一设计高程为 H 的高程标志。测设时，在水准点 A 与待测设点 B 之间安置水准仪，在 A 点上竖立水准尺，读取后视读数 α ，由此求出仪器的视线高程 $H_i=H_0+\alpha$ 。再根据 B 点的设计高程 H ，计算出水准尺立于 B 处的应读前视数 $b=H_i-H_0$ ，然后，将水准尺紧贴 B 处木桩的侧面，上下移动尺子，当水准仪望远镜的十字丝横丝正好切准前视应读数 b 时，沿尺底画一横线，该横线即为需要测设的已知高程标志。为了检核，可用水准测量方法重测 B 点标志线的高程。

（二）高程的传递

在开挖基坑、隧洞或建造高楼时，由于地面已知水准点与设计高程间的高差较大，需要向低处或高处引测高程，这种方法称为高程的传递。下面以高处向低处传递高程为例，说明其作业方法。

例如，已知地面水准点 A 的高程为 H_0 ，欲在基坑内测设一设计高程为 H 的高程标志。为此，在基坑边设置一吊杆，在杆端悬挂一钢尺，其零端朝下并吊一重锤。在地面和基坑内各架设一台水准仪，设地面上水准仪在 A 尺的读数为 a_1 ，在钢尺上的

读数为 b_1，基坑内的水准仪在钢尺上的读数为 a_2，则在 B 处水准尺上的前视应读数为 $b=H_0+a_1-(b_1-a_2)-H$。为了检核，可变换悬挂钢尺的位置重新测设一次，两次测设位置的较差应不超过 3 mm。采用上述方法同样可以向低处或高处引测水准基点。

四、放样已知坡度线

放样已知坡度线是根据附近水准点的高程、设计坡度和坡度线一端的设计高程，将坡度线上各点的设计高程标定在地面上的测量工作。常用的坡度测设方法有水平视线法和倾斜视线法。

（一）水平视线法

例如，A、B 为设计坡度的两端，已知 A 点的设计高程为 H_A。为了施工方便，要求每隔一定距离 d 设置一木桩，并在木桩上标定出设计坡度为 i 的坡度线。其作业步骤为：

（1）沿 AB 方向按设定的间距标定出各木桩点 j；

（2）计算各木桩 j 处的设计高程 $H_j=H_A+i\times j\times d$

（3）按放样已知高程点的一般方法，根据附近的水准点 R，用水准仪测设各木桩 j 的设计高程标志。

设计坡度为 0 的水平面测设称为抄平。抄平的方法也是利用水准仪提供水平视线，根据该视线与水平面设计高程的差值来测设水平面。

（二）倾斜视线法

用设置倾斜视线的方法放样已知坡度线的原理是，当仪器视线与设计坡度线平行时，其竖直距离处处相等。倾斜视线法的作业步骤为：

用测设已知高程点的方法将坡度线两端 A、B 按设计高程标定在地面上。

（2）将水准仪安置在一端点 A 处，并量取仪器高 i，在另一端点 B 处立水准尺，调整水准仪的脚螺旋，使视线在 B 点尺上的读数为仪器高 i。

（3）在中间各点 j 处上下移动水准尺，当仪器倾斜视线在尺上的读数为仪高 i 时，尺底端位置即设计坡度线。

五、放样直线

在工程建设中，常需要在两点之间测设（加密）直线或在两点之外延伸直线。在两点之间测设直线一般是利用经纬仪给定直线的方向，沿仪器视线方向加密直线。下面仅介绍直线延伸的方法。

（一）无障碍物延伸直线

例如，地面上有直线AB，需要将直线沿AB方向延长至C点，且BC之间无任何障碍物。测设时，在B点安置经纬仪，对中、整平；先用盘左位置瞄准A点，倒转望远镜在AB延长线上标定C'；再用盘右位置瞄准A点，倒转望远镜在AB延长线上标定C''，最后取$C'C''$连线的中点C作为AB直线延长线上的点。

（二）有障碍物延长直线

例如，地面上有直线AB，需要将直线沿方向延长至E、F点，且B、E之间有障碍物阻挡视线。测设时可以在延长直线的障碍物处设置一矩形或三角形来避开障碍物。首先在B点安置经纬仪，后视A点，顺时针测设水平角90°，得BC方向线，并用钢尺从B点开始测设水平距离d_1得C点；将经纬仪安置于C点，后视B点，顺时针测设水平角270°得CD方向线，用钢尺从C点开始测设水平距离d_2得D点；在D点安置经纬仪，后视C点，顺时针测设水平角270°，得DE方向线，并用钢尺从D点开始测设水平距离d_3得E点，E点即为延长线上的点，若在E点安置经纬仪，后视D，顺时针测设90°的水平角，得方向线，EF为直线的延长线。

六、放样铅垂线

在基础、主体结构、高耸构筑物、竖井等工程施工过程中，经常要将点位沿竖直方向向上或向下传递，即要测设铅垂线。测设铅垂线可用经纬仪投测法、垂线法、激光铅垂仪投测法等方法。

当高度不高时，用垂线法最直接。悬挂垂球后，垂球稳定时垂球线即为铅垂线。用经纬仪投测时，在相互垂直的两个方向上分别架设经纬仪，经整平后，瞄准上（或下）标志，上下转动望远镜，在视准轴方向得到两个铅垂面，则两铅垂面的交线即为铅垂线。这时，在经纬仪的视准轴方向上，用与角度交会法测设点位一样的方法可定出下（或上）标志，上、下标志即在同一铅垂线上。

第八章　测绘与应用

第一节　大比例地形图的测绘与应用

在正式测图之前，应认真整理本测区的控制点成果及测区内可利用的其他资料。准备工作主要包括绘制坐标格网、展绘控制点、制订施测方案和技术要求等。

地形图的内容很多，主要包括以下几个方面。

（1）数学要素：图的数学基础，如坐标网、投影关系、图的比例尺和控制点等。

（2）自然地理要素：表示地球表面自然形态所包含的要素，如地貌、水系、植被和土壤等。

（3）社会经济要素：地面上人类在生产活动中改造自然界所形成的要素，如居民地、道路网、通信设备、工农业设施、经济文化和行政标志等。

（4）注记和整饰要素：图上的各种注记和说明，如图名、图号、测图日期、测图单位、所用坐标和高程系统等。

（二）地形图的分幅与编号

为了便于测绘、拼接、使用和保管地形图，需要用各种比例尺的地形图按统一的规定进行分幅与编号。根据地形图比例尺的不同，有矩形分幅与梯形分幅两种分幅与编号方法。

大比例尺地形图的测绘一般都用矩形分幅方法，所以下面只介绍矩形分幅。

1. 矩形分幅

矩形分幅是按平面直角坐标的纵横坐标轴的整千米数或整百米数为界限来划分的，适用于大比例尺地形图。如表 8-1 所示，1 幅 1∶5000 的地形图包括 4 幅 1∶2000 的地形图；1 幅 1∶2000 的地形图包括 4 幅 1∶1000 的地形图；1 幅 1∶1000 的地形图包括 4 幅 1∶500 的地形图。

表 8-1 矩形图廓的规格

比例尺	图幅的大小 /km²	实地面积 /km²	1 幅 1 ∶ 5000 地形图中所包含的图幅数	图廓西南标 /m
1 ∶ 5000	40 × 40	4	1	1000 的整数倍
1 ∶ 2000	50 × 50	1	4	1000 的整数倍
1 ∶ 1000	50 × 50	0.25	16	500 的整数倍
1 ∶ 500	50 × 50	0.0625	64	50 的整数倍

2. 矩形图幅的编号

（1）坐标编号法

当测区已与国家控制网联测时，图幅的编号由下列两项组成：

1）图幅所在投影带的中央子午线经度。

2）图幅西南角的纵、横坐标值（以公里为单位），纵坐标在前，横坐标在后。

例如，1∶5000 地形图图幅编号为"117°–3810.0–13.0"，即表示该图幅所在投影带的中央子午线经度为 117°，图幅西南角坐标 x=3810.0 km，y=13.0 km。

当测区尚未与国家控制网联测时，矩形图幅的编号只由图幅西南角的坐标组成。

1∶1000 比例尺的地形图，按图幅西南角坐标编号法分幅，其中画阴影线的两幅图的编号分别为"3.0–1.5"，"2.5–2.5"。

这种方法的编号和测区的坐标值联系在一起，便于按坐标查找。

（2）数字顺序编号法和行列编号法

对于小面积测区，可从左到右、从上到下按数字顺序进行编号。

行列编号法是从上到下给横列编号，用 A、B、C……表示；从左到右给纵行编号，用 1、2、3……表示。先列号后行号组成图幅编号。例如 A–1、A–2、B–1、B–2 等。

（三）图纸的准备

过去是将高质量的绘图纸裱糊在胶合板或铝板上来测图，现在大多选用聚酯薄膜图纸。聚酯薄膜与绘图纸相比，具有伸缩性小、耐湿、耐磨、耐酸、透明度高、抗张力强和便于保存的优点，聚酯薄膜经打磨加工后，可增加对铅粉和墨汁的附着力。如图面污染，还可用清水或淡肥皂水洗涤。清绘后的地形图可以直接晒图或制版印刷。其缺点是高温下易变形、怕折，故在使用和保管中应予以注意。

（四）绘制坐标格网

大比例尺地形图平面直角坐标方格网由边长 10 cm 的正方形组成。绘制方格网因所用工具不同，其绘制方法也不一样。

1. 对角线法绘制坐标格网

（1）先按图纸的四角，用普通直尺轻轻绘出两条对角线 AC 和 BD 并得两对角线交点 O。

（2）以交点为圆心，以适当的长度为半径，分别在直线的两端画短弧，得 A、B、C、D 四个交点，依次连接各点，得矩形 $ABCD$。

（3）分别由 A 点和 B 点起，沿 AD 和 BC 边以 10 cm 间隔截取分点；又自 A 点和 D 点起，沿 AB 和 DC 边以 10 cm 间隔截取分点。

（4）连接上下各对应分点及左右各对应分点。这样便构成了边长为 10 cm 的正方形方格网，若在纵横线两端按比例尺注上相应的坐标值，即为所要的坐标方格网。

2. 坐标方格网的检查

绘制出的坐标方格网的精确程度，直接影响到以后展绘各级控制点和地形测图的精度。因此，必须对所绘坐标方格网进行检查。步骤如下：

（1）利用坐标格网尺的斜边或其他直尺检查对角线上各交点是否在一条直线上。

（2）用标准直尺（如金属线纹尺）检查各方格网边长；规范要求，方格网 10 cm 边长与标准 10 cm 边长之差不应超过 ±0.2 mm。

（3）检查方格网对角线长；规范要求，50 cm×50 cm 正方形对角线长度与标准长度 70 cm 之差不应超过 ±0.3 mm。

（4）检查方格网 50cm×50cm 正方形各边边长；规范要求 50cm×50cm 正方形各边长度与标准长度 50 cm 之差不应超过 ±0.2 mm。

（5）检查坐标方格网线粗度；规范要求，坐标方格网线的粗度与刺孔直径不应大于 ±0.1 mm。

若不满足上述要求时，应局部变动或重新绘制。目前有的聚酯薄膜测图纸已印制了坐标方格网，但使用前，必须进行检查，不符合精度要求的不得使用。

二、展绘控制点的绘制

展点就是将控制点，依其坐标及其测图的比例尺，展绘到具有坐标方格网的测图纸上，这项工作称为展点。

（一）展点绘制步骤

1. 根据已拟订的测区"地形图分幅编号图"，在已绘好的坐标方格网纵横坐标线两端注记出相应的坐标值。抄录本图幅和与本图幅有关的各级控制点点号、坐标、高程及相邻点间的边长。

2. 展点时，首先要根据控制点坐标，确定该点所在的方格。

设控制点 A 的坐标 $X_A=3811317.110$ m，$Y_A=43272.850$ m，根据 A 点坐标及纵横方格线的标注，可判定出 A 点在 K、m 方格内，然后分别从 m 点和 n 点向上用比例尺量取 17.11 m，得 A、B 两点，再分别从 K、m 用比例尺向右量取 72.85 m 得 c、d 两点。以 ab 与 cd 两连线的交点即为 A 点图上的位置。

3. 展完点后，还必须进行认真的检查。

检查的方法，可用比例尺在图上量取各相邻点间距离并与已知边或坐标反算长度比较，其最大误差不应超过图上的 ±0.3 mm，否则需重新展绘。展点合格后，用小针刺出点位，其针孔不得大于图上的 ±0.1 mm。点位确定后还应在旁边注上点号和高程。

（二）注意事项

（1）绘制方格网时一定要仔细认真。

（2）画线要均匀，画线时要用力按住直尺，防止画线过程中尺子移动造成所画方格网误差过大。

（3）方格网画好后，一定要严格按照检查方格网的方法步骤进行检查，如发现某一项误差超限，要擦掉重画。

（4）展绘控制点时，同样要仔细认真，展完点后，还必须进行认真的检查。

三、大比例尺地形图的测绘

地形图测绘是在控制测量工作结束后，以控制点为测站，测定其控制范围内的地物和地貌的特征点的平面坐标和高程。按一定的比例尺缩绘在图纸上，并依《地形图图式》规定的符号，表示出地物、地貌的位置、形状和大小。地物、地貌的特征点统称碎部点，所以地形图的测绘又称碎部测量。下面首先介绍地形图的基本知识。

（一）地形图的基本知识

1. 地形图的比例尺

地形图上任一线段的长度与所代表的实地水平距离之比，称为地形图比例尺。比例尺的表示方法主要有以下两种。

（1）数字比例尺

数字比例尺是用分子为 1、分母为整数的分数表示。设图上一线段长度为 d，相应实地的水平距离为 D，则该地形图的比例尺为：

$$d/D = 1/(D/d) = 1/M = 1:M$$

式中，M——比例尺分母。

比例尺的大小是以比例尺的比值来衡量的。M 越小，比例尺越大，表示地物地貌越详尽。数字比例尺通常标注在地形图下方。

（2）图示比例尺

图示比例尺绘制在数字比例尺的下方，作用是便于用分规直接在图上量取直线段的水平距离，同时可以减少计算并避免图纸变形的影响。

2. 比例尺的精度

人的肉眼能分辨图上的最小距离为 0.1 mm。因此，通常将 0.1 mm 称为人眼分辨率。通常将地形图上 0.1 mm 所表示的实地水平长度，称为地形图的比例尺精度。不同比例尺地形图的比例尺精度见表 8-2。其规律是，比例尺越大，表示地物和地貌的情况越详细，精度就越高。对同一测区，采用较大比例尺测图往往比采用较小比例尺测图的工作量和经费支出都增加数倍。

表 8-2 同比例尺地形图的比例尺精度表

比例尺	1:500	1:1000	1:2000	1:000	1:10000
比例尺精度 /cm	5	10	20	50	100

2. 地形图的符号

地形测量工作者的任务，就是把错综复杂的地形测量出来，并用最简单、明显的符号表示在图纸上，最后完成一张与实地相似的地形图，上述符号称为地形图符号。

地形图符号可分为地物符号、地貌符号和注记符号三大类。地形图符号的大小和形状，均视测图比例尺的大小不同而异。各种比例尺地形图的符号、图廓形式、图上和图边注记字体的位置与排列等，都有一定的格式，总称为《地形图图式》。

（1）地物符号

依比例符号。轮廓较大的地物，如房屋、运动场、湖泊、森林和田地等，凡能按比例尺把它们的形状、大小和位置缩绘在图上的，称为比例符号。这类符号能表示出地物的轮廓特征。

不依比例符号。轮廓较小的地物，或无法将其形状和大小按比例画到图上的地物，如三角点、水准点、独立树、里程碑、水井和钻孔等，则采用一种统一规格、概括形象特征的象征性符号表示，这种符号称为非比例符号，只表示地物的中心位置，不表示地物的形状和大小。

半依比例符号。对于一些带状延伸地物，如河流、道路、通信线、管道、垣栅等，其长度可按测图比例尺缩绘，而宽度无法按比例表示的符号称为半比例符号，这种符号一般表示地物的中心位置，但是城墙和垣栅等，其准确位置在其符号的底线上。

地物注记。对地物加以说明的文字、数字或特定符号，称为地物注记。如地区、城镇、河流、道路名称；江河的流向、道路去向及林木、田地类别等说明。

地形图图式。地形图图式是测绘、出版地形图的基本依据之一，是识读和使用地形图的重要工具，其内容概括了各类地物、地貌在地形图上表示的符号和方法。测绘地形图时应以《地形图图式》为依据来描绘地物、地貌。

（2）地貌符号

地形图上表示地貌最常用的方法是等高线。等高线不仅能表示地貌的起伏形态，还能科学地表示出地面的坡度和地面的高程。为了正确地掌握这种方法，需要对地貌的形态有所了解。

1）地貌的基本形态

地貌是地球表面高低起伏形态的总称。由于地壳成因与结构不同（内力作用），以及侵蚀作用（外力作用），形成了如今较复杂的地表自然形态。地貌的基本形态可归纳为如下几类。

平地：地面倾角在2°以下的地区。

丘陵地：地面倾角在2°~6°的地区。

山地：地面倾角在6°~25°的地区。

高山地：地面倾角在25°以上的地区。

2）等高线

地面上高程相等的各相邻点所连成的闭合曲线，叫作等高线。

设想有一小山，它被P2、P3几个高差相等的静止水平面相截，则在每个水平面上各得一条闭合曲线，每一条闭合曲线上的所有点之高程必定相等。显然，曲线的形状即小山与水平面的交线之形状。若将这些曲线竖直投影到水平面 P 上，便得到能表示该小山形状的几条闭合曲线，即等高线。若将这些曲线按测图比例尺缩绘到图纸上，便是地形图上的等高线。地形图上的等高线比较客观地反映了地表高低起伏的形态，而且还具有量度性。

为更好地表示地貌，地形图上采用下列 4 种等高线。

基本等高线。按表 8-3 选定的等高距，称为基本等高距。按基本等高距测绘的等高线，称基本等高线，又叫首曲线，它用细实线描绘。

加粗等高线。为了在用图时计算高程方便，每隔 4 条等高线描绘一根加粗等高线，又叫计曲线。

半距等高线。按 1/2 基本等高距测绘的等高线，以便显示首曲线不便显示的地貌，叫半距等高线，又称间曲线，一般用长虚线描绘。

辅助等高线。若用半距等高线仍无法显示地貌变化时，又可按 1/4 基本等高距测绘等高线，称辅助等高线，又叫助曲线，一般用短虚线描绘。

深刻理解等高线的特性对于正确测绘等高线有重要意义。等高线的特性可归纳为以下内容：

第一，在同一条等高线上的各点高程相等。但高程相等的各点却未必在同一条等高线上。

第二，等高线是闭合的曲线。

第三，等高线不能相交。

第四，等高线平距的大小与地面坡度的大小成反比。

第五，等高线与山脊线（分水线）、山谷线（合水线）成正交。

3）等高距与等高线平距

等高距为相邻两条等高线间的高差。随着地面坡度的变化，等高线平距也在不断地发生变化。测绘地形图时，等高距选择得太小，则图上等高线数量过多且密集，不仅增加了测图的工作量，而且影响图面的清晰，反而不便使用。但若等高距选择得太大，则表现的地貌就过于概括。在实际工作中应根据地形的类别和测图比例尺等因素，合理选择等高距。

同一城市或测区的同一种比例尺地形图，应采用同一种等高距。但在测区面积大，而且地面起伏比较大时，可允许以图幅为单位采用不同的等高距。同时还规定，等高线的高程必须是所采用等高距的整倍数，而不能是任意高程的等高线。例如，使用的等高距为 2m，则等高线的高程必须是 2m 的整倍数，如 40 m、42 m、44m，而不能是 41m、43m 或 40.5m、42.5m 等。

表 8-3　地形图的基本等高距 /m

例尺地形	1：500	1：1000	1：2000
平地	0.5	0.5	0.5、1
丘陵地	0.5	0.5.1	1
山地	0.5、1	1	2
高山地	1	1、2	2

（3）注记符号

注记符号是地物、地貌性质、名称和高程等的补充说明，可用文字、数字、线段或特定符号表示，如图上注明的地名、控制点编号及河流的名称等。注记是地形图的主要内容之一，注记得恰当与否，与地形图的易读性和使用价值有着密切关系。

3. 地形图的图幅、图号和图廓

地形图通常采用正射投影。由于地形测图范围一般不大，故可将参考椭球体近似看成圆球，当测区范围更小（小于 100 km² ）时，还可把曲面近似看成过测区中心的水平面。地形图的比例尺为 1：1000。

（1）图幅。图幅指图的幅面大小，即一幅图所测绘地貌、地物的范围。为了便于测绘、使用和保管地形图，需将地形图按一定的规则进行分幅和编号。

（2）图名。一幅地形图的图名是用图幅内的最著名的地名、企事业单位或突出的地物、地貌的名称来命名的，图名和图号均注写在北外图廓的中央上方。

（3）图号。在保管、使用地形图时，为使图纸有序地存放和便于检索，要将地形图进行编号。

（4）接图表。接图表是本幅图与相邻图幅之间位置关系的示意图，供查找相邻图幅之用。

（5）图廓。图廓是地形图的边界，分为内图廓和外图廓。内图廓线是由经纬线或坐标格网线组成的图幅边界线，图廓之内绘有 10cm 间隔互相垂直交叉的短线，称为坐标格网。在内图廓外侧距内图廓 1cm 处，再画一平行框线叫外图廓。外图廓线是一幅图最外边界线，以粗实线表示。在内图廓外四角处注有以公里为单位的坐标值，外图廓左下方注明测图方法、平面坐标系统、高程系统、基本等高距、测图年月、测绘单位、地形图图式版别。

（二）测图的准备工作和方法

1.测图的准备工作

（1）技术资料的收集与抄录

测图前，须踏勘了解测区的地形，应收集有关测区的自然地理和交通情况资料，了解对所测地形图的专业要求，抄录测区内各级平面和高程控制点的成果资料。对抄取的各种资料应仔细核对，确认无误后方可使用。测图前还应取得测量规范、图式和技术指导书等。

（2）仪器和工具的准备

用于地形测图的平板仪、全站仪、经纬仪、水准仪以及计算工具等，都必须细致地检查和进行必要的校正。特别是对竖直度盘指标差应进行经常性的检验与校正。

（3）测图板的准备

目前，我国各测绘系统已普遍采用聚酯薄膜来代替图纸测图。一般把聚酯薄膜用透明胶带粘贴在图板上或用铁夹固定在图板上。为了看清薄膜上的铅笔，最好在薄膜下垫一张白纸。

2.地形图测绘的方法

地形测图又称碎部测量。它的主要内容就是以图幅内的控制点、图根点作为地形测图的测站点，分别在各测站点上测定其周围地物地貌碎部点（即特征点）的位置和高程，并在图纸上根据这些碎部点描绘地物、地貌的形状，从而描绘出地形图。

测定碎部点平面位置的基本方法有极坐标法、交会法、支距法。

（1）极坐标法

极坐标法是以测站点为极点，以过测站点的某已知方向作为极轴测定测站点至碎部点的连线方向与已知方向间的夹角，并量出碎部点至测站点的水平距离，从而确定碎部点的平面位置。

设两测站点为 A、B 两点为，欲测定 B 点附近的房屋位置，可在 B 点上安置仪器，以 BA 为起始方向（又称后视方向或零方向），测定房屋角点 1、2、3 的方向值 β，并量出 B 点至相应屋角点的水平距离 S_1、S_2、S_3 即可按测图比例尺在图上绘出该房屋的平面位置。

（2）交会法

交会法是分别在两个已知点上，对同一碎部点进行方向或距离交会，从而确定该碎部点在图上的平面位置。

（3）支距法

支距法是以两已知测站点的连线为基边，测出碎部点至基边的垂直距离和垂足至测站点的距离，从而确定出碎部点的图上位置。

用距离交会和支距法测定碎部点时，需在现场绘出草图。绘制的草图应使几何图形与实际图形相似并注记距离数值。草图上还应标明方向。

（4）经纬仪测绘法

设 A、B、C 为已知控制点，1、2、3 点为欲测房屋的 3 个角点。测量并展绘碎部点的步骤如下。

1）在测站点 A 上安置经讳仪，量取仪器高，将望远镜瞄准另一已知点 B 作为起始方向，拨动水平度盘使读数为 0° 00'00"，然后松开照准部照准另一已知点 C，观测 $\angle ABC$ 角与原已知角做比较，其差值不应超过 2。此外还应对测站高程进行检查，其方法是选定一个邻近的已知高程点，用视距法反准出本站高程与图上高程值班比较，其差值不应大于 1/5 等同距。

2）施测碎部点。

在测站旁放一块测图板，观测员松开经纬仪照准部，盘左照准竖立在碎部点上的标尺，读取尺间隔和中丝读数（最好用中丝在尺上截取仪器高和在仪器高附近的整分划处直接读出尺间隔）。然后，读出水平度盘读数和竖直竖盘读数。

观测员一般每观测 20~30 个碎部点后，应检查起始方向有无变动。对碎部点观测只需一个镜位。除尺间隔需读至毫米外，仪器高、中丝读数读至厘米，水平角读至分。

3）记录与计算。记录员认真听取并重复观测员所读观测数据，依次填入碎部测量手簿后，按视距法用计算器计算出测站至碎部点的水平距离及碎部点的高程。

最后，展出碎部点并绘图。用测量专用量角器展绘碎部点。专用量角器，它的周围边缘上刻有角度分划，最小分划值一般为 20' 或 30'，直径上刻有长度分划，刻至 10mm，故测量专用量角器既可量角又可量距。展绘碎部点时，绘图人员将量角器的圆心小孔，用细针固定在图纸的测站点 a 上，绘图员转动量角器，使 0° 刻画线对准后视方向线 ab。

当观测员瞄准碎步点 1 点，读出水平度盘读数 β 后，绘图员转动量角器，找到量角器上等于 β 的刻画线 a_1，则 a_1 连线即为测站至碎部点的方向线；然后沿此方向线按测图比例尺量出水平距离 D_1，并在点的右侧标出碎部点 1 的高程。

依次测绘多个反应地物、地貌的碎部点，绘图员就可在图上测绘出相应的地物和地貌来。

经纬仪测绘法的优点是工具简单，操作方便，观测与绘图分别由两人完成，故测绘速度较快。运用该方法测图时，要注意估读量角器的分划。若量角器的最小分划值为 20S，一般能估读到 1/4 分划即 5' 的精度。另外，量角器圆心小孔，由于用得时间较久往往变大，为此应采取适当措施进行修理或更换量角器。

（5）数字测图

随着电子全站仪及电子计算机的普及，地形图的成图方法正在由传统的白纸测图向数字测图方向迅速发展。目前，相当多的测绘生产单位已用数字测图取代白纸测图。下面只对数字测图做简要介绍。

（三）地形图的检查与整饰

地形图检查是为了确保地形图质量，除施测过程中加强检查外，在地形图测完后必须做一次全面检查。

1. 室内检查

室内检查的内容有：图根点、碎部点是否有足够的密度，地物、地貌是否清晰易读，绘制等高线是否合理，各种符号、注记是否正确，地形点的高程是否有可疑之处，图边拼接有无问题等。若发现疑点应到野外进行实地检查修改。

2. 实地检查

实地检查是在室内检查的基础上，进行实地巡视检查和仪器检查。实地巡视检查要对照实地检查地形图上地物、地貌有无遗漏；仪器检查是在室内检查和巡视检查的基础上，在某些图根点上安置仪器进行修正和补测，并对本测站所测地形进行检查，查看测绘的地形图是否符合要求。仪器检查工作量一般为一幅图的 10% 左右，如发现问题应当场修正。

3. 地形图的整饰

为使所测地形图清晰美观，经拼接、检查和修正后，即可进行铅笔原图的整饰。整饰时应注意线条清楚，符号正确，符合图式规定。整饰的顺序是先图内后图外，先地物后地貌，先注记后符号。图上的地物、注记以及等高线均应按规定的图式符号进行注记绘制。同时，注意等高线不能通过符号、注记和地物。按《地形图图式》规定，还要注记图名、比例尺、坐标系统、高程系统和测图单位等。最后要进行着墨处理。

四、地形图的识读

地形图上包含大量自然、环境、社会、人文和地理等要素和信息，是国民经济发展规划与国民经济建设的重要基础资料。地形图是规划、设计、施工过程中不可缺少的基础资料，地形图的识读是作为设计、施工人员的基本技能。读图就是依据人们所掌握的地形图的基本知识去识别和阅读地形图上所包含的内容。根据地形图的内容，地形图识读包括图廓外注记的识读、地物和地貌的识读两部分。

（一）图廓外的注记识读

地形图图廓外的注记包括图号、图名、接图表、比例尺、坐标系、等高距、测图日期、测绘单位、图廓线和坐标格网，它们分布在东、南、西、北四面图廓线外。图的方向以纵坐标轴向上为正北方。

1.图号、图名

为区别各幅地形图所在位置和拼接关系，每一幅地形图都有图号和图名。图号一般根据统一分幅规则编号，图名是以本图内最著名的地名、最大的村庄或凸出的地物、地貌等的名称来命名。图号、图名著记在北图廓上方的中央。

2.接图表在图的北图廓左上方

画有该幅图四邻各图号（或图名）的略图称为接图表。中间一格画有斜线的代表本图幅，四邻分别注明相应的图号。接图表的作用是便于查找到相邻的图幅。在每幅图南图廓外的中央均注有数字比例尺，在数字比例尺下方绘出直线比例尺，直线比例尺的作用是便于用图解法确定图上直线度距离。对于1∶500、1∶1000、1∶2000等大比例尺地形图，一般只注数字比例尺，不注直线比例尺。

3.地形图的平面坐标系统和高程坐标系统

对于1∶10000或更小比例尺的地图，通常采用国家统一的高斯平面坐标系，如"1954年北京坐标系"或"1980年西安坐标系"。高程系统一般采用"1956年黄海高程系"或"1985年国家高程基准"。地形图采用的坐标系和高程系统应在南图廓外的左下方用文字说明。

4.测图时间

测图时间注明在南图廓下方，用户可以根据测图时间及测区的开发情况，确定该图幅是否能全面反映现实状况，是否需要修测与补测等。

（二）地物和地貌的识读

应用地形图应了解地形图所使用的地形图图式，熟悉常用地物和地貌符号，了解图上文字注记和数字注记的确切含义。

地形图上的地物、地貌是用不同的地物符号和地貌符号表示的。比例尺不同，地物、地貌的取舍也不同，随着建设的发展，地物、地貌又在不断改变。

1.地物的识读

识别地物的目的是了解地物的大小种类、位置和分布情况。通常按先主后次的步骤，并顾及取舍的内容与标准进行。按照地物符号先识别大的居民点、主要道路和用图需要的地物，然后再扩大到识别小的居民点、次要道路、植被和其他地物。通过分析，就会对主、次地物的分布情况，主要地物的位置和大小形成较全面的了解。

2.地貌的识读

识别地貌的目的是了解各种地貌的分布和地面高低起伏状况。识别时，主要根据基本地貌的等高线特征和特殊地貌（如陡崖、冲沟等）符号进行。山区陡坡，地貌形态复杂，尤其是山脊和山谷等高线犬牙交错，不易识别。这时可先根据水系的江河、溪流找出山谷、山脊系列，无河流时可根据相邻山头找出山脊。再按照"两山谷间必有一山脊，两山脊间必有一山谷"的地貌特征，识别山脊、山谷地貌的分布情况。再结合特殊地貌符号和等高线的疏密进行分析，就可以较清楚地了解地貌的分布和高低起伏情况。最后将地物和地貌综合在一起，整幅地形图就像三维模型一样展现在眼前。

第二节　全站仪的测绘与应用

一、全站仪测距和测角

全站仪又称为全站型电子速测仪，是由电子测角、光电测距、微处理器与机载软件组合而成的智能光电测量仪器，它的基本功能是测量水平角、竖直角和斜距，借助机载程序，可以组成多种测量功能，如计算并显示平距、高差、三维坐标，进行数据采集、放样、偏心测量、对边测量和面积测量等，只要进入相应的测量程序，输入已知数据，便可依据程序进行测量，获取观测数据，并计算出相应的测量结果。

全站仪从结构上可以分为组合式全站仪和整体式全站仪两种。组合式全站仪是用一些连接设备将电子经纬仪、光电测距仪和电子记录装置连接成的一个组合体。其优点是能通过不同的构件进行灵活多样的组合，当个别构件损坏时，可以用其他构件代替。整体式全站仪是在一个仪器内装有测距装置、测角装置和记录装置，测距和测角共用一个照准望远镜，方向和距离测量只需一次照准，使用十分方便。

二、全站仪使用时应注意的问题

全站仪为精密测量仪器，使用时应注意仪器安全，操作时不要用力过大，以免损坏仪器。在日光下使用时，避免将物镜直接对准太阳。建议使用太阳滤光镜以减弱这一影响。避免在高温和低温下存放，亦避免温度骤变。

仪器不使用时，应将其装入箱内，置于干燥处，并注意防震、防尘和防潮。若仪器长时间不使用，应将电池卸下分开存放；电池每月充电一次。

运输仪器时，应将其装于箱内进行，运输过程中要小心，避免挤压、碰撞和剧烈震动；长途运输最好在箱子周围使用软垫。

仪器使用完毕后，应用绒布或毛刷清除表面灰尘；仪器被雨水淋湿后，切勿通电开机，应用干净软布擦干并在通风处存放一段时间。

作业前应仔细全面检查仪器，确保仪器各项指标、功能、电源、初始设置和改正参数均符合要求时再进行作业。

若发现仪器功能异常，非专业维修人员不可擅自拆开仪器，以免发生损坏。

免棱镜系列全站仪发射光为激光，使用时不能对准眼睛。

三、全站仪的结构与功能应用

全站仪品牌和种类繁多，但各种型号的全站仪的构造、界面、应用操作大同小异。在此以国产仪器南方 NTS-360 系列为例进行讲解。

（一）仪器各部件的名称

南方 NTS-360 系列全站仪各部件的名称：

键盘符号对应的名称和功能见表 8-4。

表 8-4　键盘符号对应的名称和功能

按键	名称	功能
ANG	角度测量键	进入角度测量模式（▲光标上移或向上选取选择项）
DIST	距离测量键	进入距离测量模式（▼光标下移或向下选取选择项）
CORD	坐标测量键	进入坐标测量模式（◄光标左移）
MENU	菜单键	进入菜单模式（►光标右移）
ENT	回车键	确认数据输入或存入该行数据并换行
ESC	退出键	取消前一操作返回到前一个显示屏或前一个模式
POWER	电源键	控制电源的开 / 关
FI~F4	软键	功能为其键上方显示屏显示的信息
0~9	数字键	输入数字和字母或选择菜单项
—	符号键	输入符号、小数点、正负号
★	星键	用于仪器若干常用功能的操作

2. 键盘显示符号的含义见表 8-5

表 8-5　键盘显示符号的含义

显示符号	符号含义
V%	垂直角（坡度显示）
HR	水平角（右角）
HL	水平角（左角）
VD	高差
SD	斜距
N	北向坐标（x 坐标）
E	东向坐标（y 坐标）
Z	高程
*	EDM（电子测距）正在进行
m	距离以米为单位
ft	距离以米为单位
fi	距离以米与英寸为单位

（二）电子全站仪的基本设置

为了保证测量的单位、测量模式、显示结果等满足作业的要求，全站仪使用前首先要根据作业要求，对仪器进行设置。

1. 常用功能设置

南方 NTS-360 系列全站仪常用功能设置，是按键盘上★键进入设置界面，所示反射体可以是棱镜、免棱镜和反射片；按 MENU 键可以在几者之间进行切换；修改反射体时，应使用棱镜常数与之对应。棱镜的常数一般为 -30mm，其他为 0mm。

（1）对中器可以是光学对中或激光对中，按左右移动键进行切换。

（2）对比度调节通过上下移动键来调节液晶显示对比度。

（3）照明是背景光照明，按 F1 可以打开或关闭背景光。

（4）补偿是设置仪器倾斜补偿，可以是单轴、双轴或关闭。

（5）指向是打开或关闭激光束。

（6）参数可以对棱镜常数、PPM 值、温度和气压进行设置，并且可以查看回光信号的强弱；PPM 值是根据温度和气压计算得到的，输入时应查标准表，这种方法不常用，一般是输入温度和气压，温度单位为摄氏度，气压单位为 hPa，在我国北方，基本上是 1 标准大气压为 1013hPa。

2. 仪器参数设置

南方 NTS-360 系列全站仪参数设置，是按键盘上 MENU 功能键，进行主菜单（表8-6），选择第 5 项，进入参数设置主菜单（表8-7）。

表 8-6　主菜单

主菜单	1/2
1. 数据采集	1
2. 放样	
3. 存储管理	
4. 程序	
5. 参数设置	

表 8-7　参数设置

参数设置
1. 单位设置
2. 模式设置
3. 其他设置

四、全站仪数据采集

数据采集功能是全站仪的主要功能之一，通过该功能可以将测量地面点的三维坐标存储在内存中，并实现与计算机的数据传输。

（一）存储管理

全站仪具有海量的内部存储空间，可以保存大量的测量数据，为了高效、安全地进行测量和管理测量数据，必须进行存储管理设置。

按 MENU 键进入菜单界面，按键盘数字 3 进入存储管理，如表8-8。

1. 文件维护

（1）检查内存状态和格式化磁盘

①在存储管理界面，按键盘数字 1 进入文件维护界面，屏幕显示不同文件类型。按 1~6 键可以选择一种文件的类型。例如，按 2 键选择坐标文件。

表 8-8　存储管理

1. 测量文件	
2. 坐标文件	■
3. 编码文件	
4. 水平定线文件	
5. 垂直定线文件	
6. 所有文件	

②进入磁盘列表；如表 8-9 所示。DiskA 表示本地磁盘。DiskB 表示插入 SD 卡所带移动磁盘。

表 8-9　磁盘列表

DiskA	
DiskB	
属性格式化	确认

③按 F1 键（属性），可查看所选磁盘的空间状态，如表 8-10 所示。

表 8-10　磁盘的空间状态

键盘：B	键盘：B
卷标：|	可用空间：119.19MB
类型：SD 卡	容量：121.20MB
已用空间：2.01MB	

在第②步，按 F2 键（格式化），将删除所选磁盘内的所有数据。确认格式化磁盘按 F4 键（确认），格式化完毕，返回磁盘列表，如表 8-11 所示。在第②步，按 F4 键（确认）或按 ENT 键（回车），即打开所选磁盘，进入文件列表。

注意：在进行 SD 卡内的文件操作过程中不能拔取 SD 卡，否则会导致数据丢失或损坏。

表 8-11　磁盘格式化

格式化磁盘：B	1
格式化将使数据丢失！确认格式化磁盘吗？	
取消	确认

格式化	1
正在格式化磁盘：B	
请等待……	

（2）新建文件

①选取磁盘按 F4 键（确认）或按 ENT 键（回车），即打开所选磁盘，进入文件列表，如表 8-12 所示。

②按 F4 键（P1），显示第二页功能。

表 8-12　打开磁盘文件列表

SOUTH.SMD	[测量]
S0UTH2	[DIR]
属性查找	退出 P1
SOUTH.SMD	[测量]
SOUTH2	[DIR]
SOUTH.SMD	[测量]
属性查找	退出 P2

③按 F1 键（新建），进入新建文件列表，如表 8-13 所示。

表 8-13　新建文件列表

新建	新建■
1.新建目录■	5.新建水平定线文件
2.新建测量文件	6.新建垂直定线文件
3.新建坐标文件	7.新建一般文件
4.新建编码文件	
Pl	P2

（3）查找数据

①选取磁盘按 F4 键（确认）或按 ENT 键（回车）即打开所选磁盘，进入文件列表。

②选择文件并按 F2 键（查找）或 ENT 键（回车）。

③选择点名，按 F1 键（查阅）或按 F2 键（查找）并输入点名。按 F3 键（删除），即删除所选择点名数据；按 F4 键（添加），即添加数据。最后，屏幕显示所选的坐标数据，并可以进行编辑，显示第一数据或显示最后一个数据。

2. 数据通信

数据通信可以将全站仪内存的数据文件传送到计算机，也可以从计算机将坐标、编码等文件传送到全站仪内存。在存储管理界面，按键盘数字 2，进入数据通信界面，如表 8-14 所示。

表 8-14　数据传输

数据传输	1
1.RS232 传输模式	
2.USB 传输模式	
3. 存储器模式	

（1）RS232 传输模式

①在数据传输界面，按键盘数字 1，进入 RS232 传输模式，如表 8-15。

表 8-15　RS232 传输模式

RS232 传输模式	1
1. 发送数据	
2. 接收数据	
3. 通信参数	

②按键盘数字 3，进行通信参数设置。

按上移键▲或下移键▼，移动光标至某一项，再按左移键或右移键，选定所需参数，按 F4 键（设置），屏幕返回到 RS232 传输模式界面（USB 传输协议为 None），如表 8-16 所示。

表 8-16　传输协议

通信参数	1
通信协议：Ack/Nak	
波特率：4800b/s 字符检验：8 位无检验	设置

③按键盘数字 1 进行发送数据。

按键盘数字 2 进行坐标数据发送。

输入文件名或调用列表文件名，按 F4 键（确认）或 ENT 键（回车），如表 8-17 所示。

表 8-17　发送坐标数据

RS233 传输模式	发送数据	选择坐标数据文件
1. 发送数据	1. 发送测量数据■	文件名：SOUTH.SCD|
2. 接收数据	2. 发送坐标数据	回退调用字母确认
3. 通信参数	3. 发送编码数据	

（二）数据采集

数据采集的功能就是根据两已知控制点的坐标或一个已知点坐标和方位角来测定待定的坐标。按 MENU 键进入菜单界面。

按键盘数字 1 进入选择测量和坐标文件界面，选择 SOUTH.SCD（此文件是在存储管理菜单下，输入文件名），按 F4 键（确认）进入数据采集界面，如表 8-18 所示。

表 8-18　数据采集

菜单 1/2 1. 数据采集 2. 放样 1. 存储管理 2. 程序 3. 参数设置 程序 参数设置 Pl	选择测量和坐标文件: SOUTH.SCD 回退调用字母确认
数据采集 1/2	数据采集 2/2
1. 设置测站点	1. 选择文件
2. 设置后视点	2. 数据采集设置
3. 数据采集设置	
Pl	P2

1. 准备工作

（1）数据采集文件的选择

在存储管理菜单下，新建文件并输入已知控制点坐标。

（2）存储坐标文件的选择

如表 8-19 所示，采集的原始数据转换成的坐标数据可存储在用户指定的文件中。

按键盘数字键 3，存储坐标文件。输入文件名如 SOUTH 后，按 F4 键（确认）。按 F2 键（调用），屏幕显示磁盘列表，选择需要的文件所在的磁盘，按 F4 键（确认）或 ENT 键（回车）进入。显示文件列表，选择文件后按 ENT 键（回车），即存储文件被确认并返回选择文件菜单。当存储文件选择后，测量文件不变。

（3）调用坐标文件的选择

如表 8-20 所示，若需要调用坐标数据文件中的坐标作为测站点或后视点坐标用，则预先应由数据采集 2/2 选择一个坐标文件。按键盘数字 2 调用坐标文件。输入文件名按 F4 键（确认）即可。

表 8-19　存储文件的选择

数据采集 2/2		选择文件
1. 选择文件		1. 测量数据
2. 数据采集设置		2. 调用坐标文件
		3. 存储坐标文件
P2		
存储坐标文件 文件名：SOUTH 回退调用字母确认	DiskA DiskB 属性格式化确认	
SOUTH.SCD		2/2
SOUTH3.SCD		1
属性查找		属性查找

表 8-20　坐标文件的选择

数据采集	2/2
1. 选择文件	1
2. 数据采集设置	P2
选择文件测量数据文件 调用坐标文件 存储坐标文件	1
选择调用坐标文件 文件名：SOUTH	1
回退调用字母	确认

（4）数据采集参数设置

由数据采集菜单 2/2 按键盘数字 2 数据采集设置，如表 8-21 所示。

表 8-21　数据采集参数设置

数据采集	2/2	1. 坐标自动转换	
选择文件 数据采集设置	1 Pp2	2. 数据采集顺序 数据采集确认 数据采集距离	■

（5）操作步骤

①选择数据采集文件，使其所采集数据存储在该文件中。

选择存储坐标文件，将原始数据转换成的坐标数据存储在该文件中。选择调用坐标数据文件，可进行测站坐标数据及后视坐标数据的调用。

②设置测站点，包括仪器高和测站点号及坐标。设置后视点，包括站标高和后视点点号及坐标或方位角，照准后视点测量。

③设置待定点的觇标高，开始采集并存储数据。

注意：测站点与后视点（定向角）在数据采集模式和正常坐标测量模式是通用的，可以在数据采集模式下输入或改变测站点和定向角数据。

（6）测站点的坐标设定

①利用内存中的坐标数据来设定。

②直接由键盘输入。

五、全站仪放样

放样模式有两个功能：放样待定点和测定新点。

放样的坐标数据可以是内存中的点，也可以是从键盘输入的坐标。内存中的数据可以通过传输电缆从计算机传入仪器内存。

测定新点坐标是在放样过程中，放样待定点与控制点不能通视时，就可以测定新点。

（一）放样的步骤

（1）选择放样文件，可进行测站坐标数据、后视坐标数据和放样点坐标数据的调用；也可以直接输入。

（2）设置测站点。

（3）设置后视点，确定方位角。

（4）输入所需的放样坐标，开始放样。

（二）注意事项

（1）放样点多时尽量采数据传输的方式把放样点坐标导入电子全站仪内存。

（2）安置测站时，要进行测站数据检核，使用的点位及坐标都要正确。

（3）标定出放样点后要与图纸对照，检查相关位置与图上设计是否一致。

（4）放样距离较远时，为了减少大气折光的影响，一般采用数据采集的方式测定引点，在引点上安置仪器进行放样。

结　语

在公路工程施工过程中，需要更新观念，创新转换机制，建立健全完善的项目管理机制，创新工程项目管理模式，创新工程项目管理方法，运用网络技术提高管理水平，落实项目经理责任制。随着社会的进步和科学技术的发展，测量工作面临着前所未有的机遇和挑战。一方面是新、奇、特公路工程建设越来越多，工程建设的规模越来越大，难度增大，另一方面则是新技术和新方法的不断涌现，使工程测量的内涵、手段发生了巨大的变化，同时进一步扩展了工程测量的服务领域。传统的测绘技术与最新的测绘技术相结合，在应用新技术的同时，应注意精选、保留传统测绘技术的基本内容。